Knödler • Richter

Fettarm kochen & backen

Tanja Knödler ist seit einigen Jahren aufgrund einer seltenen Erkrankung auf eine strikt fettarme Ernährung angewiesen. Seitdem steckt sie ihre Kreativität in das Entwickeln von Koch- und Backrezepten, die auch mit ganz wenig Fett richtig gut schmecken. Ihre Entdeckungen und Ideen teilt sie in diesem Buch, um anderen Betroffenen die Neuorientierung zu erleichtern. Die ausgebildete Fotografin lebt mit ihrem Ehemann auf dem Land in der Nähe von München.

Prof. Dr. med. Werner Richter ist wissenschaftlicher Leiter des Instituts für Fettstoffwechsel in Windach/Pegnitz und der Akademie für differenzierte und integrale Fettstoffwechseltherapie in Gussenstadt. 2015 wurde er für besondere Verdienste in der Ernährungstherapie durch die Deutsche Gesellschaft der qualifizierten Ernährungstherapeuten und Ernährungsberater – QUETHEB e. V. ausgezeichnet und hat die Wilhelm-Normann-Medaille durch die Deutsche Gesellschaft für Fettwissenschaft e. V. verliehen bekommen.

» Das Rezept zum Coverbild finden Sie auf Seite 108.

Tanja Knödler

Prof. Dr. med. Werner O. Richter

Fettarm kochen & backen

Low-Fat-Ernährung als Therapiebegleitung: Bauchspeicheldrüse, Galle und Lymphsystem entlasten. Praxistipps für köstliche Gerichte – auch ohne Fett

TRIAS

Dankeschön der Autorin

Von Herzen vielen Dank an meinen Mann, der mit mir gemeinsam kocht und isst und meine Freude an neuen Entdeckungen teilt.

Ebenso danke ich unseren Familien und Freunden fürs Experimentieren, Probieren, Sammeln guter Ideen und auch für den Anstoß zu diesem Kochbuch! Sie alle haben mich unterstützt und mit mir das anfängliche „Experiment fettarme Ernährung" in den Alltag integriert. Das bedeutet mir viel und ist Balsam für Körper und Seele!

Auf meinem Weg hatte ich das Glück, ganz besondere Menschen zu finden, die sich unermüdlich engagieren.

Vielen Dank an die Ärzte der Földiklinik für die fachliche Expertise und den menschlich so wertvollen Kontakt. Insbesondere danke ich Frau Gabriele Müller (Diätassistentin) für die ernährungsmedizinischen Grundlagen, die sie mir mit auf den Weg gegeben hat. Diese und ihre Beratung sind in das Buch eingeflossen.

Herzlichen Dank an das Team des Universitätsklinikums Freiburg, besonders an Herrn Dr. Friedrich Kapp, für Rat und Tat und für ein immer offenes Ohr und die richtigen Worte!

Sie haben meinem Leben wieder eine Perspektive gegeben.

Dem TRIAS Team und Herrn Professor Werner Richter danke ich für ihr Engagement zum Gelingen dieses Buches.

Vielen Dank auch an alle Leserinnen und Leser für Ihre Aufmerksamkeit und Ihr Interesse. Ich hoffe, das Buch wird Ihren Alltag erleichtern und Ihnen Freude bereiten. Über Feedback und Anregungen freue ich mich, gerne können Sie mich über meine Website www.fettarm-kochen.com kontaktieren.

Meine Motivation

»Wie?!? Ich muss mich ab sofort quasi fettfrei ernähren?!? Wie soll das gehen?«

Aufgrund einer Erkrankung wurde ich plötzlich mit dem Thema »möglichst fettfreie Ernährung« und MCT-Diät konfrontiert. Zunächst konnte ich mir kaum leckere, abwechslungsreiche Gerichte vorstellen. Inzwischen haben wir Ideen und Ansätze entwickelt, die ich mit Menschen in ähnlichen Situationen teilen möchte.

Heute sage ich aus eigener Erfahrung: Eine Ernährungsumstellung kann eine immense Verbesserung des Gesundheitszustandes bewirken. Mancher spürt schon bald eine positive Veränderung, andere brauchen mehr Geduld. Aber es lohnt sich. Wenn sich der Gesundheitszustand verbessert, ist die Motivation hoch, die Diät konsequent einzuhalten.

Nach und nach habe ich mit entsprechender Organisation einen guten Umgang mit meiner neuen Lebensweise gefunden. Ich habe nicht mehr das Gefühl, hungern zu müssen, sondern durchaus lecker zu essen.

Die Rezepte sind mit extrem fettarmen Zutaten gemacht, teilweise ergänzt mit geringen Mengen MCT-Öl oder MCT-Margarine. Sie können die Rezepte so nachkochen wie beschrieben oder auch manchen Trick übernehmen und sie nach Ihrem Geschmack abwandeln.

Ich wünsche allen viel Spaß beim Nachkochen und Variieren. Bestimmt sind ein paar neue Lieblingsrezepte dabei!

Herzlich Ihre Tanja Knödler

© PixelShot/stock.adobe.com

Medizinische Voraussetzungen

von Prof. Dr. med. Werner Richter

Fettverdauung

Fette sind für den Körper lebensnotwendig. Sie werden durch die Nahrung zugeführt und von mehreren Organen auf unterschiedliche Weisen aufgenommen und verwertet.

Die normale Fettverdauung

Fett in der Nahrung ist nicht nur ein Energieträger. Es ist auch wichtig für verschiedene Körperfunktionen. So hat der Fettgehalt in der Nahrung Einfluss auf die Appetitregulation, die Aufnahme von fettlöslichen Vitaminen aus dem Darm und den Fettstoffwechsel.

Die Aufnahme von Fett in den menschlichen Körper und seine Verteilung zu den verschiedenen Geweben geschieht über komplizierte Mechanismen. Daran beteiligt sind

- verschiedene Enzyme
- Galle
- funktionierende Transportwege und
- Aufnahmestellen in die Leber

Schauen wir uns doch genauer an, was wir für die Fettaufnahme in den Körper brauchen.

Das meiste Fett essen wir in Form von Triglyceriden. Das sind chemische Verbindungen aus Glycerin und Fettsäuren. An ein Molekül Glycerin sind drei Fettsäuren gebunden, die Fachleute sprechen von »verestert«. Dabei gibt es verschieden lange Fettsäuren. Diese bestehen aus einer Kette von Kohlenstoffatomen, abgekürzt »C«. Ist diese Kette weniger als 6 C-Atome lang, werden sie als kurzkettig bezeichnet, haben sie 6 bis 10 C-Atome sind sie mittelkettig, sind sie länger, dann heißen sie langkettig.

Sind diese C-Atome mit jeweils einer einzigen Bindung verknüpft, sind es gesättigte Fettsäuren, bei zwei Verknüpfungen zwischen zwei C-Atomen sind es ungesättigte Fettsäuren. Darunter sind die Linolsäure (Omega-6-Fettsäure) und die Omega-3-Fettsäuren essenziell. Dies bedeutet, dass sie mit der Nahrung zugeführt werden müssen, da der Körper sie nicht selbst herstellen kann.

Im Mund

Kommt das Triglycerid in den Mund, dann beginnt bereits dort die Fettverdauung. Im hinteren Teil der Zunge, dem Zungengrund, finden sich kleine Drüsen, die ein fettspaltendes Enzym freisetzen, die sogenannte Zungengrundlipase. Lange hat man gerätselt, ob dieses Enzym eine wesentliche Bedeutung für die Fettverdauung hat. Seit einigen Jahren weiß man, dass es für bis zu 30 % der Fettverdauung verantwortlich ist.

Gut und lange kauen ist daher eine Voraussetzung für eine gut und vollständig funktionierende Fettverdauung. Und dieses Enzym hat eine wichtige Eigenschaft: Es funktioniert nicht nur in der neutralen Umgebung des Mundes, sondern wirkt weiter im sauren Magensaft und im basischen Dünndarmsaft. Sie kann also im gesamten Verdauungsweg Fettsäuren von Glycerin abspalten und so das Fett für die Aufnahme in die Dünndarmzelle vorbereiten.

Im Magen

Nach dem Hinunterschlucken landet das Fett im Magen. Dort wartet ein weiteres fettabbauendes Enzym, die Magenlipase. Sie wirkt aber nur im sauren Magensaft. Und der saure Magensaft kann auch noch zu Veränderungen am angedauten Fett führen, welche die Aufnahme ins Blut regulieren.

Die Einnahme von Säureblockern greift damit in gewisser Weise ungünstig in die Fettverdauung ein. Und der Magen hat noch eine wesentliche Aufgabe zu erfüllen: Er muss die Speiseanteile extrem verkleinern, damit die Enzyme im Dünndarm die Bestandteile auch komplett verdauen können. Diese Verkleinerung geschieht im Magenausgang, dem Pylorus. Dabei können Teilchen in der Größenordnung von 200 Milliardstel Meter erreicht werden, um die Verdauung geordnet und vollständig ablaufen zu lassen. Gutes Kauen erleichtert also dem Magen die Arbeit.

Im Dünndarm

Danach kommen die angedauten Fette in den Dünndarm. Zur weiteren optimalen Fettverdauung benötigt man nun Galle. Die dort enthaltenen Gallensäuren emulgieren das Fett, und die aus der Bauchspeicheldrüse kommende Lipase setzt die Verdauung fort. Und Sie erinnern sich: Auch die Lipase aus dem Mund wirkt weiter.

Jetzt muss man wissen, dass die innere Oberfläche des Dünndarms von einer dünnen Wasserschicht bedeckt ist. Grund dafür ist, dass der Körper dafür sorgen möchte, dass er von großen Mengen an Fett nicht maßlos überfordert wird. Er muss jetzt die Fettsäuren und die angedauten Triglyceride, die jetzt Monoglyceride heißen, in Partikel einbauen, die von einer Hülle von speziellen Fetten umgeben sind, den Phospholipiden, die auch ein wasserliebendes Ende aufweisen. Diese Phospholipide richten sich dann so aus, dass die wasserliebenden Enden nach außen gerichtet sind (Mizelle). Damit können die Fette dann die Wasserschicht auf den Dünndarmzellen durchdringen und so zur Zellmembran gelangen. Dort warten eine Reihe von Transportern, um die Fettbestandteile und die fettlöslichen Vitamine in die Dünndarmzellen aufzunehmen.

Um das gesamte Nahrungsfett aufnehmen zu können, benötigen wir die gesamte Länge des Dünndarms. Für Kohlenhydrate und Eiweiß reichen hingegen kürzere Darmabschnitte. Daher machen sich Probleme bei der Aufnahme von Nährstoffen zuerst in der Regel beim Fett bemerkbar.

In den Lymphen

Die Dünndarmzelle stellt dann gewisse Eiweiße zur Verfügung, mit deren Hilfe neue Partikel gebildet werden, die Chylomikronen. Die Chylomikronen werden aber nicht direkt in das Blut abgegeben, sondern in die Lymphe. Die Lymphbahnen der verschiedenen Darmabschnitte laufen zusammen und bilden dann eine große Lymphbahn, den Ductus thoracicus. Diese Lymphbahn dringt in den Brustraum ein und mündet kurz vor dem Herzen in die untere Hohlvene.

Im Blut

Jetzt ist also das Fett im Blut in Form von Chylomikronen, aber keine Körperzelle kann damit etwas anfangen. Sie müssen erst zerkleinert werden, damit das Fett in die Leber, das Fettgewebe und die Muskulatur aufgenommen werden kann.

Dieser teilweise Abbau geschieht in den feinsten Blutgefäßen, den Kapillaren. Dort ragt ein Enzym aus der Wand, die Lipoproteinlipase. Diese packt die Chylomikronen und nagt Triglyceride heraus. Da sich die meisten Kapillaren in Fettgewebe und Muskulatur befinden, werden diese Triglyceride dann dem Fettgewebe und in kleinerem Anteil der Muskulatur zur Verfügung gestellt.

Bis zu 85 % des mit der Nahrung aufgenommenen Fetts werden über diesen Weg in das Fettgewebe aufgenommen, nur 15 % gehen den Weg direkt weiter zur Leber.

Komplexer Vorgang Fettaufnahme

Die Fettaufnahme in den Körper ist ein äußerst komplexer Vorgang. Dabei kann es eine Reihe von Fehlern geben, die es erfordern oder sinnvoll machen, entweder möglichst fettarm zu essen oder die eine oder andere fettarme Mahlzeit in den Speiseplan einzufügen.

In der Leber

Die Regulation des Zustroms von Fett zur Leber ist wichtig, kann diese doch nur eine bestimmte Menge an Fett pro Zeiteinheit verarbeiten. Ansonsten würde das Organ mit Fett überlastet und es entstünde eine Leberzellverfettung bis hin zur Fettleber, bei der mehr als 50 % der Leberzellen aus Fett bestehen. Das Fettgewebe speichert also das Fett zwischen und gibt in der Folge wohldosiert Fettsäuren in das Blut ab, die dann an ein Eiweiß, das Albumin, gebunden in erster Linie zur Leber gelangen.

In der Regel wird Ihnen Ihr Arzt bzw. Ihre Ärztin oder Ihr(e) Ernährungstherapeut(in) zur Behandlung der bei Ihnen vorliegenden Störung raten, auf eine fettarme Kost zurückzugreifen.

Die »andere« Fettverdauung

Es gibt aber noch einen anderen Weg, wie Fett in den Körper kommen kann. Dies gilt aber nicht für jedes Fett. Uns interessieren hier die mittelkettigen Fettsäuren.

Sie erinnern sich, das sind Fettsäuren mit 6 bis 10 C-Atomen. Sie werden auch in Form von Triglyceriden gegessen. Deswegen spricht man von mittelkettigen Triglyceriden, im Englischen medium chain triglycerides (MCT). Diese Fettsäuren sind entweder relativ gut (C6) oder zu einem kleinen Teil (C8 und C10) wasserlöslich.

In Magen und Dünndarm

Sie können schon im Magen aufgenommen werden. Dies geschieht aber auch im Dünndarm. Die Aufnahme in die Zellen des Magens oder des Dünndarms soll über Wasserkanäle erfolgen. Von dort werden sie direkt ins Blut abgegeben und kommen über die Pfortader, in der sich das Blut aus Magen und Darm sammelt, zur Leber. Dabei werden sie an ein Eiweiß gebunden, das Albumin. Im Gegensatz zur Aufnahme der langkettigen Fettsäuren aus dem Darm ist hier die Aufnahme in die Leber jedoch nicht reguliert. Das heißt, dass jede aufgenommene mittelkettige Fettsäure auch in der Leber ankommt.

Daher wäre es günstig, die MCT auf die verschiedenen Mahlzeiten zu verteilen und nicht die gesamte vorgesehene Menge auf einmal zu verzehren. Da die Leber eine bestimmte Kapazität zur Fettverbrennung und Freisetzung von Fett ins Blut hat, kann sich sicher jeder vorstellen, dass sie mit kleineren Mengen an MCT besser fertig wird als mit einer großen. Man gibt ihr damit mehr Zeit.

In der Leber

In der Leber angekommen, werden die mittelkettigen Fettsäuren bevorzugt für die Energiegewinnung eingesetzt. Dies bedeutet, dass nur wenige dieser Fettsäuren die Leber verlassen und im Fettgewebe gespeichert oder in der Muskulatur zur Energiegewinnung herangezogen werden. Diese Bevorzugung der mittelkettigen Fettsäuren in der Leber resultiert aber in einer Minderverbrennung der langkettigen Fettsäuren, die permanent, auch während des Essens, aus dem Fettgewebe in der Leber anfluten. Wenn diese nicht verbrannt werden, muss die Leber sie ausscheiden, sonst würde sich ja eine Leberverfettung entwickeln. Und die Leber hat nur eine Möglichkeit, diese Fettsäuren loszuwerden, indem sie Fett-Eiweiß-Partikel bildet und diese in das Blut abgibt.

VLDL Diese Partikel heißen very low density lipoprotein (VLDL), bestehen bei Gesunden zu 55 % aus Triglyceriden und bestimmen die Konzentration der Triglyceride im Blut. Jetzt müssen wir uns aber vergegenwärtigen, dass Menschen eine unterschiedlich große Freisetzungskapazität für VLDL aus der Leber aufweisen können. Wenn diese überschritten wird, dann lagert sich das Fett in die Leberzellen ein.

Bevor daher größere Mengen an MCT verzehrt werden, sollte man durch eine Untersuchung der Blutfette ausschließen, dass eine geringe Freisetzungskapazität der VLDL vorliegt.

Eine solche Störung nennt man Hypobetalipoproteinämie, die immerhin 5 % der Bevölkerung betrifft. Während bei dieser

Fettzufuhr mit MCT regulieren

Bei der Verwendung von mittelkettigen Triglyceriden muss die Regulation der Fettbelastung der Leber also bewusst durch Sie stattfinden.

MCT langsam einführen

Werden sofort größere Mengen gegessen, kann es durch die dann deutlich mehr zur Verfügung stehende Energie zur Blutgefäßweitstellung und damit zum Blutdruckabfall kommen.

Störung das Risiko für einen Herzinfarkt sehr niedrig ist, kann sich eben bei Überlastung der Leber eine Verfettung der Leberzellen und im ungünstigsten Fall daraus eine Leberzirrhose entwickeln.

Stoffwechselstörung ausschließen

Wenn aber eine Störung im Stoffwechsel der Triglyceride vorliegt, dann muss der Verzehr von MCT sorgfältig überlegt werden. Eine solche Störung weisen in Deutschland in unterschiedlicher Ausprägung etwa 70 % der Menschen auf. Sie kann genetisch oder durch Übergewicht bedingt sein, tritt aber auch dann auf, wenn z. B. ein Teil des Dünndarms entfernt werden musste. Da eine hohe Konzentration der Triglyceride auch akute Gesundheitsgefährdungen auslösen kann, wie z. B. eine Bauchspeicheldrüsenentzündung oder eine Durchblutungsstörung des Dünndarms (mehr dazu im Kapitel »Einfluss des Lebenstils«, Seite 21), sollte man vor dem regelmäßigen Verzehr von größeren Mengen an MCT seine Triglyceridkonzentration im Blut kennen. Bei einer Konzentration über 300 mg/dl (3,41 mmol/l), oder wenn die Störung im Stoffwechsel der Triglyceride auch bei niedrigeren Konzentrationen ungünstig für das Herz ist, sollte vorsichtig agiert werden.

Fehlfunktion der Fettsäuretransporter?

Während für die Aufnahme von langkettigen Fettsäuren in die Zellen und die Zellkraftwerke, die Mitochondrien, spezielle Transporter benötigt werden, ist dies bei den mittelkettigen Fettsäuren nicht der Fall. Wenn daher eine Fehlfunktion der Fettsäuretransporter vorliegt und damit die Energiegewinnung in den Zellen gering ist, kann durch die MCT dieser Defekt umgangen werden. Ein solcher Defekt macht sich in erster Linie durch eine chronische Müdigkeit bemerkbar. Wenn Sie daran leiden, sollten Sie vorsichtshalber mit einer geringen Menge an MCT beginnen, z. B. mit 1–2 g.

Auch um Durchfälle zu vermeiden, sollte mit einer kleinen Dosis an MCT begonnen werden und diese dann nach Verträglichkeit bis zum gewünschten Maß gesteigert werden.

Wie schon gesagt, auch mittelkettige Fettsäuren essen wir als Triglycerid. Um die Aufnahme der Fettsäuren zu ermöglichen, müssen diese daher erst vom Triglycerid abgespalten werden. Wir benötigen also auch beim Verzehr von MCT Lipasen. Wirksam sind hier zunächst die Zungengrundlipase und die Magenlipase.

Gründlich kauen

Gut und gründlich zu kauen, um viel Zungengrundlipase freizusetzen, ist daher auch hier eine wichtige Voraussetzung für die optimale Verdauung.

Diese spalten effektiv die Fettsäuren vom Glycerin ab.

Auch fehlende Magensäure durch Medikamente oder eine chronische Magenschleimhautentzündung können die komplette Freisetzung der Fettsäuren erschweren.

Fazit: Der große Unterschied der beiden Fettaufnahmewege liegt also darin, dass quasi jede mittelkettige Fettsäure in kurzer Zeit zur Leber kommt und dort verarbeitet werden muss, während unmittelbar nur ein relativ kleiner Anteil der langkettigen Fettsäuren die Leber erreicht. Hier dient das Fettgewebe quasi als Zwischenspeicher. Die Aufnahme von MCT erfordert aber keine Galle, nicht unbedingt Pankreasenzyme, keine Chylomikronen und keine Lipoproteinlipase.

Aber man muss dem Darm Zeit und Gelegenheit geben, sich an die MCT zu gewöhnen. Denn wenn die Menge an MCT in der Mahlzeit zu groß ist, dann werden die mittelkettigen Fettsäuren doch auch in Chylomikronen eingebaut. Damit verliert man also den Vorteil bei der Aufnahme von Fett aus dem Darm. Und es kann zu Durchfällen, Blähungen und Bauchschmerzen kommen. Deshalb langsam anfangen und immer erst nach einigen Tagen die Menge erhöhen.

Was müssen wir beachten, wenn wir »fettfrei« essen?

Wie erwähnt, sind Fette für die Aufrechterhaltung einiger Körperfunktionen lebenswichtig. Daher gilt bei einer fettarmen Ernährung einiges zu beachten.

Gallensteinen vorbeugen

Die Gallenblase muss regelmäßig entleert werden, sonst dickt die Galle ein und es kommt zur Bildung von Gallensteinen. Mikrosteine in der Gallenblase kann man beim Fasten schon nach wenigen Tagen mit dem Ultraschall feststellen. Die Gallenblase entleert sich, wenn Fett in der Nahrung vorhanden ist. Die dafür notwendige minimale Menge an Fett liegt bei etwa 1,6 g. Es würde sich empfehlen, zumindest jeden zweiten oder dritten Tag ein klein wenig Fett in die Kost zu integrieren, um die Entleerung der Gallenblase auszulösen. Dies ist bei einer fettarmen Kost immer gewährleistet. Wenn das aber absolut nicht möglich ist, kann durch die regelmäßige Einnahme von Ursodesoxycholsäure der Gallensteinbildung vorgebeugt werden.

Kaloriengehalt beachten

Eine fettarme Kost muss eine größere Menge an Kohlenhydraten und Eiweiß enthalten, um den Energiebedarf zu decken. Diese werden in der Leber in gewissem Umfang zur Fettneubildung eingesetzt, der Lipogenese. Dabei entsteht die gesättigte Fettsäure Palmitinsäure. Wenn das Fettgewebe zu etwa 30 % Palmitinsäure enthält, dann wird dabei die ebenfalls gesättigte Stearinsäure gebildet. Der Körper kann also selbst Fettsäuren herstellen. Nur zwei nicht, die mehrfach ungesättigte Linolsäure und Omega-3-Fettsäuren.

Energieverbrauch einschätzen

Deshalb müssen Sie sich fragen: Ist meine Kalorienaufnahme mit der Nahrung so angepasst, dass der Körper mit den aufgenommenen Nahrungsbestandteilen fertig werden kann?

Achtung bei fettarmer Kost

Man kann auch mit einer »fettfreien« oder fettarmen Kost Fettgewebe aufbauen und damit übergewichtig werden.

Dazu müssen wir zunächst einmal abschätzen, wie viel Energie wir pro Tag überhaupt brauchen.

Unser Energieverbrauch setzt sich zusammen aus dem Grundumsatz und dem Leistungsbedarf.

Was versteht man unter Grundumsatz? Das ist die Energie, die zur Erhaltung des Lebens notwendig ist. Sie regelt u. a. die

- Funktionen des Herzens
- Lungenfunktion
- Funktionen der Nieren
- Körpertemperatur

Als Leistungsbedarf bezeichnet man die notwendige Energie für

- körperliche Aktivität
- Wachstum
- Schwangerschaft
- Stillen
- den Neuaufbau von Körperzellen (z. B. bei der Wundheilung)

Den Grundumsatz können Sie einfach abschätzen: Pro Kilogramm Körpergewicht liegt er bei 1 kcal pro Stunde. Dies wären pro Tag also 24 kcal pro kg Körpergewicht. Dazu kommt dann der Aufschlag für den Leistungsbedarf, der vergleichsweise niedrig ist. Die meisten von uns werden eine leichte körperliche Aktivität ausüben. Dann nehmen wir 30 % vom Grundumsatz und zählen die errechneten kcal zum kalkulierten Grundumsatz hinzu. Die nachfolgende Tabelle zeigt Ihnen dies für verschiedene körperliche Aktivitäten:

Grundumsatz

kg Körpergewicht x kJ oder kcal	Art der körperlichen Aktivität	Grundumsatz + Leistungsbedarf
100 kJ oder 24 kcal	Nur Grundumsatz	
110–120 kJ oder 26–29 kcal	Mäßige körperliche Aktivität	Grundumsatz + 15 %
130 kJ oder 31 kcal	Leichte körperliche Aktivität	Grundumsatz + 30 %
150 kJ oder 36 kcal	Mittelschwere körperliche Aktivität	Grundumsatz + 50 %
170–200 kJ oder 40 kcal	Schwere körperliche Aktivität	Grundumsatz + 70 %

Die richtige Einschätzung der körperlichen Aktivität ist wichtig. Vorwiegende Bürotätigkeit ist leichte körperliche Aktivität, Hausfrauenarbeit mittelschwere körperliche Aktivität. Wer 4- bis 5-mal pro Woche über 30–60 Minuten anstrengende Freizeitaktivitäten ausübt, kann noch einmal 30 % beim Leistungsbedarf drauflegen, bei weniger Aktivität liegt der Prozentsatz auch entsprechend niedriger.

Damit wissen Sie erst einmal, wie viel Energie Sie überhaupt brauchen. Es gibt natürlich Menschen, deren Energiebedarf höher oder niedriger ist. Aber bei den meisten von uns dient der errechnete Wert gut zur Abschätzung des Bedarfs.

Aber: Eine Verringerung der Fettaufnahme mit der Nahrung allein führt, wie eine Reihe von wissenschaftlichen Untersuchungen gezeigt hat, nicht zur Gewichtsabnahme. Nur wenn dabei auch die Kalorienaufnahme sinkt oder die körperliche Aktivität erheblich erhöht wird, ist dies möglich.

Mittels der eingesparten Kilokalorien lässt sich dann ausrechnen, wie viel man überhaupt an Körperfett verlieren kann. 1 g Körperfett ist mit etwa 8 kcal gleichzusetzen. Ein Energiedefizit von 800 kcal pro Tag kann also auch »nur« zu 100 g Gewichtsabnahme durch Verlust an Fettgewebe führen. Alles andere wären Wasser und Muskulatur.

Fett und Fettstoffwechsel

Die beiden wichtigsten »Blutfette« sind Cholesterin und Triglyceride. Wie Sie alle wissen, bilden sich Fettaugen auf der Suppe, da das allermeiste Fett nicht wasserlöslich ist. Genauso ist es im Blut. Deshalb werden Cholesterin und Triglyceride von Eiweiß und anderen Bestandteilen so verpackt, dass sie im Blut transportiert werden können. Man spricht von Lipoproteinen.

Diese Lipoproteine können aufgrund ihres unterschiedlichen Fettgehalts aufgetrennt werden in

- Lipoproteine sehr niedriger Dichte (very low density lipoprotein = VLDL)
- Lipoproteine niedriger Dichte (low density lipoprotein = LDL)
- Lipoproteine hoher Dichte (high density lipoprotein = HDL)

Wenn Milch zentrifugiert wird, sammelt sich oben der Schlagrahm, unten die Molke. Schlagrahm besteht aus Triglyceriden. Genauso werden, allerdings mit größeren Kräften, die Lipoproteine aus Ihrem Blut getrennt. Oben finden sich dann jene, die viele Triglyceride enthalten, unten jene mit wenigen Triglyceriden. Viele Triglyceride enthalten die sogenannten VLDL-Partikel, wenig Triglyceride die Low-Density-Lipoproteine und High-Density-Lipoproteine. Dafür findet sich dann in den LDL und HDL mehr Cholesterin.

VLDL und Cholesterin VLDL-Partikel werden, wie schon erwähnt, von der Leber gebildet und ins Blut abgegeben. Dort werden sie dann unter Verlust der Triglyceride weiter zu LDL verstoffwechselt. Das Grundgerüst für die HDL wird im Darm und der Leber gebildet. Die HDL entstehen dann im Blut.

LDL bringen Cholesterin in die Blutgefäßwand, HDL kann das abgelagerte Cholesterin von dort wieder abtransportieren. Je mehr Cholesterin in der Blutgefäßwand abgelagert ist, desto größer ist die Gefahr, dass sich Arteriosklerose, die

Berechnung der Kalorienzufuhr auf Basis von Größe und Körpergewicht

Alexander ist 180 cm groß und wiegt 86 kg. Sein Grundumsatz liegt bei 86 × 24 = 2064 kcal. Dazu kommt ein Leistungsbedarf von 30 %. Dies wären 2064 kcal × 0,3 = 619 kcal. Der Energiebedarf liegt daher insgesamt bei 2683 kcal. Wenn Alexander abnehmen möchte, muss er die Energieaufnahme deutlich unter diesen Wert senken. Wenn die Kalorienzufuhr höher ist, nimmt er zu.

Anna wiegt bei 160 cm Körpergröße 60 kg. Ihr Grundumsatz beträgt 60 × 24 = 1440 kcal. Der Leistungsbedarf liegt ebenso bei 30 %. Dies bedeutet also: 1440 kcal × 0,3 = 432 kcal. Der Energiebedarf ist also 1872 kcal. Um nicht zuzunehmen, sollte Anna nicht dauerhaft über diese Marke kommen.

vorzeitige Gefäßverkalkung, entwickelt. LDL zählen daher, wenn zu viele im Blut vorhanden sind, zu den ungünstigen Partikeln.

Aber auch die VLDL-Partikel können den Herzinfarkt fördern, wenn sie z. B. bei ererbten Fettstoffwechselstörungen oder einer Zuckerkrankheit falsch zusammengesetzt sind. Dann entstehen aus ihnen auch bestimmte LDL-Partikel, die besonders viel Cholesterin in der Blutgefäßwand ablagern. Bestimmte VLDL stellen also auch ein erhöhtes Risiko für Herz- und Kreislauferkrankungen dar. Nicht unbedingt als Partikel selbst, sondern durch das, was daraus entsteht. VLDL bestimmen die Triglyceride im Blut, deshalb müssen diese, wenn ihre Konzentration erhöht ist, unter bestimmten Umständen besonders ernst genommen werden.

Einfluss des Lebensstils

Ein zusätzliches Problem mit den Triglyceriden kann sich entwickeln, wenn der Lebensstil dafür besonders ungünstig ist. Steigen nämlich die Triglyceride sehr ausgeprägt an (über 1000 mg/dl oder 11,2 mmol/l), nimmt die Zähigkeit des Blutes zu. Sie müssen sich einfach vorstellen, dass aus Wasser Öl wird. Wasser fließt leicht durch die Röhren (Blutgefäße), Öl nicht. Daher können sich dann akute Komplikationen entwickeln, wie eine Bauchspeicheldrüsenentzündung, Schmerzen beiderseits im Oberbauch und krampfartige Schmerzen im Bauchbereich. Außerdem kann es zu Sehstörungen, »Ameisenlaufen« an den Beinen, Störungen des Kurzzeitgedächtnisses, Schwindel, Atemnot und gelblichen Papeln auf rotem Grund an Brust, Bauch, Rücken, Oberschenkeln und Oberarmen kommen. Wenn Sie also solche Beschwerden haben, sollte auch an das Vorliegen von deutlich erhöhten Triglyceriden gedacht werden.

Erhöhte Blutfettwerte trotz »fettfreier Nahrung«? Sie werden sich fragen: Ich esse doch »fettfrei«. Warum können dann meine Triglyceride im Blut hoch sein? Dies liegt an der Tatsache, dass Kohlenhydrate die Fettverbrennung in der Leber hemmen. Bei der Verstoffwechslung der Kohlenhydrate oder auch von Alkohol entsteht am Beginn der Fettneubildung ein Zwischenprodukt, das die Aufnahme der langkettigen Fettsäuren in die Mitochondrien verhindert. Sie können also nicht verbrannt werden, sondern müssen von der Leber in VLDL in das Blut abgegeben werden. Haben Sie einen gesunden Fettstoffwechsel, dann sind Sie mit Ihren Enzymen so ausgestattet, dass dies sogar günstig ist. Sie können die in größerer Menge anfallenden VLDL verstoffwechseln. Dabei wird funktionsfähiges HDL gebildet, das der Blutgefäßverkalkung entgegenwirkt. Und wenn noch genügend Aufnahmestellen für LDL in der Leber und an anderen Körperzellen vorhanden sind, steigt auch das LDL-Cholesterin nicht an.

Liegt aber eine Störung im Ablauf Ihres Fettstoffwechsels vor, kann sich unter Umständen das Risiko für Arteriosklerose erhöhen. Wenn LDL-Aufnahmestellen in die Leber und in die Körperzellen nicht mehr ausreichend zur Verfügung stehen, dann kann das LDL-Cholesterin im Blut ansteigen.

Viel häufiger liegt das Problem aber in der Verstoffwechslung der VLDL im Blut. Dies kann genetisch oder durch Übergewicht bedingt sein. Dann reichern sich die VLDL im Blut an. Man kann das bei der Blutuntersuchung an erhöhten Triglyceriden und niedrigem HDL-Cholesterin feststellen. In diesen Fällen entstehen, wie schon erwähnt, Abbauprodukte der VLDL, welche die Entwicklung der Arteriosklerose fördern. Unter Umständen treten auch spezielle LDL (kleine, dichte LDL) auf, die besonders ungünstig für die Gefäßwand sind.

Diese können im Gegensatz zu anderen LDL-Partikeln kaum von der Leber oder anderen Körperzellen aufgenommen werden. Ihnen bleibt nur der Weg in die Blutgefäßwand, wo sie zu einer starken Cholesterineinlagerung führen.

Blutfett untersuchen lassen

Es wäre aber in jedem Fall sinnvoll, die Blutfettwerte vor Beginn der Kost zu bestimmen, um zu wissen, worauf zu achten ist.

Das Ganze bedeutet jetzt nicht, dass dies nicht möglich ist, wenn die Notwendigkeit zu einer fettarmen Ernährung vorliegt.

In jedem Falle wäre es aber wegen des Fettstoffwechsels wichtig, bei der fettfreien Kost oder der Verwendung von MCT auf das Trinken von Alkohol zu verzichten. Schon 100 ml Bier führen dazu, dass in der Leber 4–5 g Fett nicht verbrannt werden und als VLDL aus ihr freigesetzt werden müssen. Bei einem Viertel Liter Wein wären es schon 25 g. Das würde also die geschilderte Problematik deutlich verschlimmern. Unter einer sehr fettarmen Kost oder bei regelmäßiger Verwendung von mehr als 10 g MCT wäre eine Kontrolle der Blutfette nach 4–8 Wochen sinnvoll. Dann weiß man, woran man ist, und kann die Menge der MCT entsprechend anpassen. 10 g MCT führen, einfach gesagt, zu einer Minderverbrennung von ca. 8 g langkettigen Fettsäuren in der Leber. Wenn diese dann von der Leber als VLDL ins Blut abgegeben werden, kann im ungünstigsten Fall die Konzentration der Triglyceride um 300 mg/dl (3,41 mmol/l) ansteigen.

Vitamine Zur Aufnahme der fettlöslichen Vitamine A, D, E und K wird Fett benötigt. Sie werden im Dünndarm in die Mizellen eingebaut, gelangen mit diesen durch die Wasserschicht auf den

Dünndarmzellen und werden dann von Transportern an der Zellmembran in die Dünndarmwand aufgenommen. Während Vitamin K auch von Dickdarmbakterien gebildet werden kann, müssen die anderen fettlöslichen Vitamine durch die Chylomikronen über die Lymphe ins Blut gebracht werden. Eine Untersuchung konnte zeigen, dass fettlösliche Vitamine auch bei der Aufnahme von mittelkettigen Fettsäuren mit absorbiert werden. Bei dauerhafter Anwendung einer streng fettarmen Kost empfiehlt sich die Kontrolle der Blutkonzentration eines der fettlöslichen Vitamine. Dies gilt auch angesichts der Tatsache, dass eine geringe Aufnahme der fettlöslichen Vitamine aus dem Darm auch ohne Fett möglich ist.

Wann kann eine fettarme Kost sinnvoll sein?

Wie oben dargestellt, erfordert die Aufnahme langkettiger Fettsäuren die gesamte Länge des Dünndarms.

Darmdefekte

Wenn daher ein Teil des Darms für die Resorption von Fett nicht zur Verfügung steht, weil er operativ entfernt werden musste, z. B. wegen einer Krebserkrankung oder einer Entzündung, kommt es zu einem Missverhältnis in der Aufnahme von Kohlenhydraten und Eiweiß auf der einen Seite und Fett auf der anderen. Während Kohlenhydrate vollständig aufgenommen werden, gilt dies nur für einen Teil des Nahrungsfetts. Diese Veränderung hat immer das Potenzial zur Verschlechterung von Störungen im Stoffwechsel der Triglyceride. Unabhängig davon führt das nicht aufgenommene Fett zu

- Fettstühlen
- wässrigem Durchfall
- Blähungen
- krampfartigen Bauchschmerzen
- Nierensteinen

In dieser Situation den Fettgehalt der Kost zu reduzieren oder gezielt MCT einzusetzen, kann sehr hilfreich sein.

Störungen des Lymphsystems

Ähnlich ist die Situation bei einer Abflussstörung der Lymphe aus der Dünndarmwand, zum Beispiel bei der Fehlbildung der Lymphwege (Lymphangiektasie). Aber die Lymphwege können auch verlegt sein, z. B. beim Morbus Whipple durch Bakterien oder in den Tropen auch durch Würmer.

In der Dünndarmzelle erfolgt der Zusammenbau der Chylomikronen, die dann in die Lymphe abgegeben werden. Dazu muss die Dünndarmzelle u. a. ein großes Eiweiß zur Verfügung stellen, das Apolipoprotein B 48. Wenn der Zusammenbau nicht funktioniert, wie bei einer genetisch bedingten Störung, der Abetalipoproteinämie, können das Fett und die fettlöslichen Vitamine nicht aus der

Dünndarmzelle in die Lymphe abgegeben werden und verbleiben im Darm. Wegen der fehlenden fettlöslichen Vitamine sind u. a. schwere Sehstörungen und Knochenveränderungen die Folge.

Defekte in den Transporteiweißen

Die Aufnahme der Fettsäuren in die Darmwand erfolgt durch Transporteiweiße. Wenn diese defekt sind, dann verbleibt ebenfalls mehr Fett im Darm und führt dort zu den entsprechenden Beschwerden.

Die Größe der Chylomikronen muss im Blut von durchschnittlich 1000 nm auf 100 nm Durchmesser vermindert werden. Dieser Prozess wird durch die Lipoproteinlipase vermittelt. Wenn die Aktivität des Enzyms deutlich vermindert ist, reichern sich die Chylomikronen im Blut an und können dann zu akuten Gesundheitsproblemen führen (mehr dazu in Kapitel »Einfluss des Lebensstils«, Seite 21). Ursachen dafür können verschiedene kleine Veränderungen im Gen der Lipoproteinlipase sein. Sie wird durch ein Eiweiß aktiviert, das Apolipoprotein C-II. Auch hier kann es durch genetische Veränderungen zu einem Wirkverlust kommen. Und es können Hemmer der Aktivität der Lipoproteinlipase im Blut zirkulieren.

Falsche Ernährung

Auch durch schwere Ernährungsfehler – zu viele Kalorien, zu viele Kohlenhydrate oder/und zu viel Alkohol – kann eine massive Anreicherung der Chylomikronen ausgelöst werden. Dies gilt für Menschen mit einer angeborenen Erhöhung der Triglyceride oder mit einer eingeschränkten Wirkung des Hormons Insulin, typischerweise bei erheblichem Übergewicht. Die Umstellung der Fette auf MCT muss jedoch kritisch beurteilt werden. Grund dafür ist die Tatsache, dass die Hemmung der Lipoproteinlipase durch einen zu hohen Anstrom von VLDL aus der Leber verursacht wird. Sie erinnern sich sicher, dass wir oben erklärt haben, wie MCT zu einer ausgeprägteren Sekretion der VLDL aus der Leber führen. Wenn aber andere Maßnahmen nicht zu einer wesentlichen Verbesserung der Menge an Chylomikronen im Blut führen, kann die Anwendung von MCT, die ja keine Chylomikronen bilden, sinnvoll sein. Dies sollte aber in Abstimmung mit dem Arzt erfolgen. Auch bei einer Störung mit hohem Risiko nicht nur für einen Herzinfarkt, sondern auch für einen Schlaganfall oder eine Durchblutungsstörung an den Beinen (familiäre Dysbetalipoproteinämie) muss die Fettmenge in der Nahrung genau definiert werden. Bei ihr ist die Aufnahme der abgebauten Chylomikronen in die Leber auf unter 1 % vermindert.

Verletzungen der Lymphwege

Sind Lymphwege im Bauch oder Brustraum verletzt, kann dies zu einem chylösen Aszites (Bauchwasser) oder zur einem Chylothorax (Wasser im Brustraum) führen. Bis sich die Verletzung verschließt, ist es notwendig, möglichst wenig Lymphe zu produzieren, d. h. »fettfrei« zu essen. Dauerhaft ist dies notwendig, wenn eine angeborene Fehlbildung der Lymphwege vorliegt.

Weitere Indikationen

In folgenden Fällen ist eine fettfreie Ernährung ebenfalls ratsam:

- Bei einer chronischen Bauchspeicheldrüsenentzündung mit permanenten Schmerzen. Hier zeigt die klinische Erfahrung, dass durch striktes Einhalten einer »fettfreien« Kost die Beschwerden oft erheblich gemildert werden können. Gleiches gilt auch bei weniger schwer ausgeprägten klinischen Symptomen.
- Bei fehlender Galle, weil sie z. B. über eine Drainage nach außen abgeleitet werden muss. Nach einer operativen Entfernung der Gallenblase kann es bei »fetthaltigen« Mahlzeiten zu meist ziehenden Beschwerden im rechten Oberbauch kommen. Die Verminderung des Fettgehalts der Mahlzeit und ggf. die Verkleinerung der Mahlzeitengröße kann hier oft Abhilfe schaffen.
- Bei unklaren Bauchbeschwerden. Hier kann durch Anwenden einer sehr fettarmen Ernährung geklärt werden, ob diese durch Fett ausgelöst werden.
- Bei einer Durchblutungsstörung am Herzen oder nach einem Herzinfarkt bedürfen fettarme Kostformen der Kenntnis der zugrundeliegenden Fettstoffwechselstörung. Für das Herz ungünstige Fettstoffwechselstörungen im Bereich der Triglyceride müssen nämlich mit einer Verminderung der Kohlenhydrate in der Nahrung behandelt werden.

Essenzielle Fettsäuren Zu beachten wäre noch die Versorgung mit essenziellen Fettsäuren. Wenn eine fettfreie Kost für wenige Wochen durchgeführt wird, tritt in der Regel kein Mangel auf. Übrigens sind typische Mangelsymptome nicht bekannt. Eine erhebliche Menge an Linolsäure und den Omega-3-Fettsäuren ist anteilig im Fettgewebe gespeichert und kann mobilisiert werden. Und wenn die Zufuhr mit der Nahrung erheblich vermindert wird, konserviert unser Körper diese Fettsäuren viel stärker als üblich. Muss man dauerhaft sehr fettarm leben, dann sollte überprüft werden, ob es nicht möglich ist, kleine Mengen dieser Fettsäuren in die Kost zu integrieren. Dies könnte dann auch gleich zur Versorgung mit fettlöslichen Vitaminen genutzt werden.

Die Rezepte für fettarme Gerichte mögen Ihnen hilfreich sein.

Fettarm kochen & backen: So geht's

Genuss trotz Verzicht – wie Sie mit geeigneten Zutaten, ein paar Tricks und angepassten Garmethoden die Ernährungsumstellung schaffen.

Was bedeutet »fettarm kochen«?

Mit etwas Kreativität und durch den gezielten Einsatz fettarmer Zutaten erreichen wir mehr Geschmack und Abwechslung – trotz extrem wenig Fett.

Ihre Motivation – Tun Sie sich Gutes

Eine Ernährungsumstellung auf Ihre individuellen Bedürfnisse mag zunächst aufwendig und mit Verzicht verbunden sein. Wenn Sie dadurch Positives bewirken, kann die Anpassung aber auch eine echte Steigerung der Lebensqualität bedeuten. Richten Sie Ihre Aufmerksamkeit auf den Nutzen der fettreduzierten Ernährung. Machen Sie sich bewusst, dass Sie sich damit wohler fühlen oder sich Ihr Gesundheitszustand verbessert. Bei manchen Erkrankungen bekommen Sie eine unmittelbare Rückmeldung Ihres Körpers. Beobachten Sie, was Sie gut vertragen und worauf Sie verzichten sollten. Auch die mittel- oder längerfristige Verbesserung nach einer Ernährungsumstellung ist nicht zu unterschätzen. In diesem Fall zahlt sich Geduld und Disziplin aus. Fragen Sie in Ihrer Arztpraxis oder bei einer Ernährungsberatung, in welchem Zeitraum sich ein Effekt einstellen sollte.

Vielleicht kann die Diät als Therapiesäule eingesetzt werden, sodass Sie weniger Medikamente benötigen und weniger an Nebenwirkungen leiden. Dauerhaft können Sie Ihren Körper so unterstützen. Mit einem besseren Wohlbefinden steigt auch die gute Laune, man ist aktiver, kann das Leben mehr genießen. Es ist erstaunlich, was die Ernährung alles beeinflussen kann.

Essen Sie achtsam und bewusst, schmecken Sie gezielt und genießen Sie, anstatt schnell zu schlingen. Das Ausprobieren

Von gesunder Ernährung profitieren

Gesunde Ernährung ist für gesunde Menschen schon wichtig, erkrankte Menschen können umso mehr profitieren, wenn die Gesamtsituation sich verbessert.

macht Spaß, das Geschmacksempfinden schärft sich, nach einer Weile schmeckt man auch ohne Fett als Geschmacksträger die Zutaten und Gerichte intensiver. Freuen Sie sich an den neuen Entdeckungen, genießen Sie bewusst einzelne Aromen und neue Kombinationen. Man entdeckt so manche gute Idee und andere Lieblingsgerichte und gewöhnt sich an den neuen Speiseplan. Dabei ist es wichtig, die Diät konsequent umzusetzen, so entwickelt man langsam Normalität.

Fragen Sie sich:

- Fällt es Ihnen leichter und geraten Sie weniger in Versuchung, wenn Sie die Diät ohne Ausnahmen beibehalten?
- Oder können Sie sich hin und wieder eine Besonderheit gönnen, ohne den erreichten Erfolg zu riskieren und hinterher wieder mehr Disziplin aufwenden zu müssen?
- Können Sie nach einer Ausnahme wieder leichter und neu motiviert die Einschränkungen einhalten?

Beobachten Sie bewusst die positiven Effekte und freuen Sie sich über Ihre Erfolge. Schwierige Situationen können Sie mit dieser Motivation viel besser meistern. Natürlich gibt es hin und wieder Grund zum Hadern, natürlich würden wir auch gerne mal wieder Gerichte mit einem hohen Fettgehalt essen. Wenn wir uns vergegenwärtigen, warum wir die Ernährung umgestellt haben, können wir damit besser umgehen.

Es ist hilfreich, einen plötzlichen Hunger mit kleinen Zwischenmahlzeiten zu überbrücken, sodass der große Heißhunger gar nicht erst aufkommt. Für gesellige Runden gibt es durchaus Gerichte, die allen schmecken und bei denen nicht einmal auffällt, dass sie sehr fettarm sind. So können wir den gemeinsamen Alltag und auch besondere Gelegenheiten gestalten.

Das Buch bietet Ihnen eine Hilfestellung, die Gerichte sind sehr fettarm gehalten. Je nach Ihren individuellen Vorgaben kann so manches Rezept erweitert werden. Anstatt, wie eigentlich vorgesehen, vieles wegzulassen, können Sie

Tipp

Wenn alle um Sie herum »normal« essen: Nutzen Sie gute Alternativen, die Ihnen Freude machen. Halten Sie immer etwas bereit, das Sie auf die Schnelle satt und zufrieden macht.

vielleicht – Ihren Möglichkeiten entsprechend – das eine oder andere hinzufügen, ein kleines »Zuckerl«, einen kleinen Luxus zum Genießen.

Wenn Sie die neue Art des Einkaufens und Kochens verinnerlicht und in Ihren Tagesablauf integriert haben, ist ein entspannterer Umgang möglich. Essen muss nicht mehr als schwieriges Problem oder als unbefriedigend wahrgenommen werden. Wenn Sie dabei neue Ideen übernehmen und hilfreiche Taktiken entdecken, kann eine Wechselbeziehung entstehen. Aus der Not wird ein positives Erlebnis. Das frische, leckere Essen bringt kleine Highlights in den Alltag: Das ist ein wenig Balsam für die Seele.

Seien Sie sich dabei bewusst, dass Sie sich durch die richtige Ernährung Gutes tun, um sich wohl zu fühlen und Komplikationen zu vermeiden. Wie schön, dass Sie sich mit gutem Essen ein Geschenk machen können!

Extrem fettarme Zutaten

Auf Lebensmittelverpackungen oder in Rezepten ist öfter von »fettarm« oder gar »fettfrei« die Rede, und beim genaueren Blick stellt sich heraus, dass doch noch ein erheblicher Fettanteil enthalten ist.

Die im Kochbuch verwendeten Lebensmittel sind wirklich extrem fettarm.

In allen Lebensmitteln, auch in Obst und Gemüse, ist minimal Fett enthalten, deshalb wird hier im Buch korrekterweise von »nahezu fettfrei« bzw. »extrem fettarm« die Rede sein.

Nur als Beispiel: Sogar ein Apfel hat 0,4 g Fett pro 100 g. Also 0,4 % Fettanteil.

Lebensmittel mit 0,1 bis 0,9 g Fett pro 100 g – also nahezu fettfrei – sind in der Tabelle »Fettgehalt von Lebensmitteln« (Seite 46) mit den Angaben zum Fettgehalt als »< 1 % Fett« geführt. Diese werden als Hauptzutaten eingesetzt.

Konkret bedeutet das, dass z. B. bei einem Gericht der Fettanteil niedriger ist, wenn es einen hohen Gemüseanteil und einen niedrigen Anteil an Nudeln oder Fleisch enthält. Reichlich Gemüsesauce zu wenig Nudeln ist also von Vorteil.

In der oben erwähnten Tabelle (Seite 46) werden der Fettgehalt der Lebensmittel aufgelistet und Alternativen aufzeigt und damit folgende wichtige Fragen beantwortet:

- Welche Lebensmittel haben tatsächlich »< 1 % Fett«?
- Welche Lebensmittel haben einen geringen Fettanteil, zum Beispiel 3–5 % Fett?
- Wo sind (versteckte) Fettfallen, welche Lebensmittel sind nicht geeignet?
- Wie kann ich fetthaltige Zutaten durch fettarme ersetzen?

Wenn man sich fettarm ernähren möchte, muss man zunächst vieles weglassen. In diesem Kochbuch sollen vor allem Gerichte, die mehr als »nur Gemüse« bieten, ihren Platz finden.

Ausgehend von diesen Grundlagen können Sie beim Kochen die Produkte verwenden, die nach Herzenslust gegessen werden können, sowie solche, die einen kleinen Fettanteil haben und somit in geringerer Menge eingesetzt werden dürfen. Wer darf, kann sich natürlich auch bewusst einen Luxus gönnen.

Bedeutung von Fett in der Nahrung

Auch wenn hier im Kochbuch die Rede davon ist, Fett nur in sehr geringen Mengen über die Nahrung zuzuführen, gilt zu beachten, dass essenzielle Fettsäuren für den Körper, für die Funktion des Gehirns und für die Aufnahme von lebensnotwendigen Vitaminen A, D, E und K wichtig sind (mehr dazu siehe Seite 22, 25).

Ärztliche Begleitung ist wichtig

Eine strenge Diät sollte immer ärztlich begleitet werden. Eine ausreichende Versorgung mit fettlöslichen Vitaminen und essenziellen Fettsäuren (Omega 3 und 6) ist sicherzustellen.

Nur so sind unsere Immunabwehr und viele Körperfunktionen gewährleistet.

Wir brauchen also hochwertige Fette, um gesund zu bleiben. Aber die Art und Menge der Fette, die wir aufnehmen, muss immer individuell beurteilt werden.

Aufgrund meiner lymphatischen Erkrankung des Verdauungstraktes habe ich mich intensiv mit einer extrem fettarmen Ernährung, ergänzt mit MCT-Fett, auseinandergesetzt. Ich verwende in Maßen MCT-Fette, sie sind teilweise angereichert mit Omega 3, Omega 6 und mit Vitaminen A, D und E sowie mit Folsäure und Vitamin B12.

Für andere Personen gelten andere Voraussetzungen und weitere Faktoren spielen eine Rolle.

Sie finden hier meine Erfahrungswerte aus den letzten Jahren, ein »Best of« und spezielle Tipps. Sie sind als Anregungen zu verstehen und auf Sie persönlich zu adaptieren.

Hier dreht sich alles darum, die Menge der Fettaufnahme bewusst zu steuern, aber Achtung, ein Übermaß an Kohlenhydraten und Zucker wird auch zu Fett verstoffwechselt. Im Rahmen einer ausgewogenen Ernährung sollte auf ein normales Maß geachtet werden.

Eine fettarme Diät, wie in diesem Buch beschrieben, ist nicht per se gesünder, jedoch in manchen speziellen gesundheitlichen Situationen notwendig. Sie muss entsprechend gut geplant und ärztlich begleitet sein.

MCT-Fett oder andere hochwertige Fette

Für wen ist MCT-Fett notwendig?

Die herkömmlichen Fette in unseren Lebensmitteln sind langkettige Fettsäuren (LCT). Sie werden in komplexen Prozessen gespalten, verarbeitet und vom Dünndarm an das Lymphsystem abgegeben (Seite 10).

MCT-Fette sind mittelkettige Fettsäuren, die ohne Enzyme der Bauchspeicheldrüse und Gallensäuren verstoffwechselt werden und vom Dünndarm direkt in die Blutbahn übergehen. Sie können für bestimmte Personengruppen, die unter einer Fettverwertungsstörung leiden, ein wertvoller Bestandteil ihrer Ernährung sein, etwa für Menschen mit Erkrankungen der Bauchspeicheldrüse, der Leber oder der Galle, mit lymphatischen Erkrankungen des Verdauungstraktes und anderen Krankheiten (mehr dazu siehe Seite 23).

Wenn in den Rezepten in diesem Buch in geringen Mengen Öl oder Margarine verwendet werden, handelt es sich um MCT-Fette. Sie sind bei bestimmten Erkrankungen auf Rezept verordnungsfähig und im Reformhaus oder Onlinehandel erhältlich. Je nach Ihren persönlichen Bedürfnissen können sie durch andere hochwertige Fette ersetzt werden.

Bei einigen Rezepten kann – falls nötig – selbst auf die erwähnten geringen Mengen Öl oder Margarine noch verzichtet werden, indem man etwa die Garmethoden anpasst.

Welche MCT-Produkte gibt es?

Am Beispiel von Produkten der Marke Kanso, die mir von meiner Ernährungsberaterin empfohlen wurden, nenne ich im Folgenden die verschiedenen Anwendungen. Man darf davon ausgehen, dass dafür beste Rohstoffe verwendet und diese korrekt verarbeitet werden. Auf Anfragen erhält man fundierte Auskünfte vom Hersteller. Im Reformhaus oder Onlinehandel sind auch MCT-Produkte anderer Hersteller erhältlich.

Früher waren die Kanso-Produkte unter dem Namen CERES bekannt, inzwischen heißen sie Kanso keto MCT-Öl und Kanso keto MCT-Margarine. Lassen Sie sich durch das »keto« im Produktnamen nicht irritieren. Die ketogene Diät verfolgt ein anderes Ziel als wir hier im Buch.

Bei bestimmten Erkrankungen sind MCT-Produkte verordnungsfähig, weil sie nach § 31 Abs. 1 Satz 2 SGB als »Lebensmittel für besondere medizinische Zwecke (bilanzierte Diät)« klassifiziert sind.[1] In solchen Fällen kann man sie auf Rezept in der Apotheke erhalten. Dies gilt etwa für angeborene Defekte im Kohlenhydrat- oder Fettstoffwechsel sowie für weitere bestimmte diätpflichtige Erkrankungen und ärztlich verordnete ketogene Diäten.

Folgende Produkte können in den Rezepten dieses Buchs verwendet werden:

Kanso MCT-Öl 100 %:

- flüssige Mischung aus mittelkettigen Triglyceriden (MCT)
- 100 % MCT-Fett am gesamten Fettanteil
- als Zugabe zu Salatsaucen, Shakes und Frühstückscerealien oder als herkömmliches Speiseöl
- zum Garen oder schonenden Braten im flachen Fett bis max. 100 °C
- zum Backen bei max. 200 °C für 50 Minuten

Kanso MCT-Öl 77 %:

- flüssige Mischung aus mittelkettigen Triglyceriden (MCT)
- 77 % MCT-Fett am gesamten Fettanteil
- enthält Omega-3- und Omega-6-Fettsäuren
- liefert Vitamin A, D und E
- als Zugabe zu Salatsaucen, Shakes und Frühstückscerealien oder als herkömmliches Speiseöl
- zum Garen oder schonenden Braten im flachen Fett bis max. 100 °C
- zum Backen bei max. 200 °C für 50 Minuten

Kanso MCT-Margarine 83 %:

- halbfeste Mischung aus mittelkettigen Triglyceriden (MCT)
- 83 % MCT-Fett am gesamten Fettanteil
- enthält Omega-3- und Omega-6-Fettsäuren
- liefert Vitamin A, D, Folsäure und B12
- verwendbar als herkömmliches Streichfett
- zum Garen oder schonenden Braten im flachen Fett bis max. 100 °C
- zum Backen bei max. 200 °C für 50 Minuten

Folgende Tipps sind bei ihrer Verwendung laut Hersteller zu beachten:

- MCT-Fett nicht zu lange warm halten oder wieder aufwärmen (Mikrowelle), weil dabei ein bitterer Geschmack entstehen könnte
- MCT-Fett als Energiezulage in bereits gegarte Speisen, wie z. B. Gemüse, Kartoffeln, Püree, Suppen und Saucen geben

Die Umstellung auf MCT-Fette soll langsam vorgenommen werden (anfangs nicht mehr als ca. 10 g täglich), da sonst eventuell Verdauungsbeschwerden eintreten können.

Meine persönliche Erfahrung ist: MCT-Öl und MCT-Margarine darf nicht zu stark erhitzt werden, siehe Angaben des Herstellers. Beim Warmhalten oder Wiederaufwärmen habe ich keine negativen Auswirkungen festgestellt.

Nährwertberechnung der MCT-Fette

Bei einigen Rezepten werden geringe Mengen MCT-Öl verwendet. Für verschiedene Bedürfnisse sind Abwandlungen nötig bzw. wird der Fettanteil für die persönliche Bilanz unterschiedlich bewertet. Im Folgenden finden Sie die Informationen, wie sich dies auf die Nährwertangabe des Fettes bei den Rezepten auswirkt:

Ganz ohne Öl: Falls es aus gesundheitlichen Gründen nötig ist, können die geringen Mengen Öl meist durch Wasser ersetzt werden, z. B. beim »Anbraten«. Die Nährwertangaben im Rezept können dann entsprechend nach unten korrigiert werden.

Ist zum Beispiel im Rezept 1 EL MCT-Öl (100 % MCT-Fett) enthalten, dann wird 1 EL Öl mit 6 ml berechnet (entspricht 6 g Öl, enthält 5,5 g Fett).

Bei einem Rezept für 4 Portionen sind also pro Portion 1,4 g Fett in Form von MCT-Öl enthalten, sie können in der Berechnung abgezogen werden, wenn das Öl nicht verwendet wird.

Alternativen: Falls Sie nicht auf MCT-Fette angewiesen sind und nicht davon profitieren, können Sie das MCT-Öl durch normales, hochwertiges Öl ersetzen.

Die Nährwertangaben können 1:1 übernommen werden.

Mengen variieren: Die Rezepte sind so angelegt, dass Fett nicht als Geschmacksträger fungiert. Somit macht das »Weglassen« des Öls oft geschmacklich wenig Unterschied.

Dennoch, und trotz aller Raffinesse beim fettarmen Kochen und Backen, sind die verwendeten geringen Öl-Mengen manchmal von Vorteil. Das Anbraten zum Beispiel gelingt leichter und besser mit etwas Öl. Die Konsistenz von Teig beim Backen ist lockerer und voller im Geschmack, wenn etwas Margarine enthalten ist.

Menschen, die von MCT-Fetten profitieren: Personen mit bestimmten Erkrankungen müssen den MCT-Anteil nicht als belastendes Fett auf die Bilanz anrechnen. MCT-Fett ist für sie neutral zu werten, wenn es nicht in den beeinträchtigten Organen verstoffwechselt werden muss (z. B. Bauchspeicheldrüse, Galle, Lymphsystem im Verdauungsbereich).

Die folgenden Tabellen erläutern die Berechnung für die Kanso-Produkte ganz genau, lassen Sie sich nicht davon abschrecken. Denn in der Praxis bekommt man nach und nach den Dreh raus, wie man sie an die eigenen Bedürfnisse anpassen kann. Auch wenn man sich unter Umständen anfangs intensiv damit beschäftigen muss, stellt sich bald eine Routine ein.

Angabe von Nährwerten

Bei den Nährwerten hier im Kochbuch sind das Gesamtfett und der darin enthaltene MCT-Fettanteil angegeben. So können Sie den Fettgehalt für Ihre persönliche Bilanz bewerten, je nachdem, wie Sie mit MCT- und LCT-Fetten umgehen möchten oder müssen.

Bei Öl bezieht sich die Angabe immer auf das Öl mit 100 % MCT-Anteil (nicht das mit 77 % MCT).
Beispiel einer Nährwertangabe für ein Gericht für 4 Portionen mit 1 EL 100 % MCT-Öl (6 ml = 6 g = 5,5 g MCT-Fett):
»Nährwerte pro Portion: Energie:
280 kcal • Fett: 4,5 g, davon 1,4 g MCT«
Eine Portion enthält somit 3,1 g LCT-Fett.

Fett- und MCT-Gehalt der Kanso-Produkte

Produkt	MCT-Öl 100 %	MCT-Öl 77 %	MCT-Margarine 83 %
Menge	100 ml	100 ml	100 g
Gesamt-Fettgehalt	91 g Fett	91 g Fett	80 g Fett
Davon MCT-Fettanteil	91 g = 100 % MCT	70 g = 77 % MCT	66 g = 83 % MCT

Dosierung in Esslöffeln und Fettanteil

Produkt	MCT-Öl 100 %	MCT-Öl 77 %
Menge	1 EL = 6 ml = 6 g	1 EL = 6 ml = 6 g
Gesamt-Fettgehalt	5,5 g Fett	5,5 g Fett
Davon MCT-Fettanteil	5,5 g = 100 % MCT	4,2 g = 77 % MCT

Dosierung in Teelöffeln und Fettanteil

Produkt	MCT-Öl 100 %	MCT-Öl 77 %
Menge	1 TL = 3 ml = 3 g	1 EL = 3 ml = 3 g
Gesamt-Fettgehalt	2,7 g Fett	2,7 g Fett
Davon MCT-Fettanteil	2,7 g = 100 % MCT	2,1 g = 77 % MCT

Praktische Hinweise für ein gutes Gelingen

Fettarm kochen und backen ist nicht kompliziert, wenn man gut plant. Das gilt nicht nur für die Zubereitung, sondern schon für die Rezeptauswahl und den Einkauf.

Planung und Organisation

Frische Zubereitung, geeignete Garmethoden

Sich fettarm zu ernähren bedeutet, das meiste selbst zuzubereiten. Dabei kann man prima die Menge an Fett steuern. Frisch gemacht, mit Ihren Lieblingszutaten, schmecken die Gerichte auch wirklich gut!

Geeignete Garmethoden für fettarme Zubereitung sind:

- **Dünsten/Dämpfen:** Die Zutaten werden unter Zugabe von wenig Flüssigkeit (Wasser oder z. B. Gemüsebrühe/entfetteter Fleischbrühe) bei geringer Hitze im Dampf bei geschlossenem Deckel gegart.
- **Kochen:** Die Speisen werden in sprudelnd kochendem Wasser oder im eigenen Sud gegart.
- **Pochieren:** Die Zutaten ziehen in Flüssigkeit unterhalb des Siedepunktes gar.
- **Braten:** Bei der Verwendung von beschichteten Pfannen und Töpfen benötigt man gar kein oder wenig Öl. Falls Sie MCT-Öl verwenden, erhitzen Sie es nicht zu stark, beim Garen oder schonenden Braten mit wenig Fett bis maximal 100 °C.
- **Schmoren:** In einem Bräter oder Schmortopf wird zum Beispiel Fleisch kurz scharf angebraten, dann mit einer Flüssigkeit abgelöscht und mit geschlossenem Deckel auf dem Herd oder im Backofen weiter gegart.
- **Backen:** Für Ofengemüse auf dem Backblech kann man Backpapier verwen-

Braten ohne Fett

Das Braten ohne Fett erfordert Aufmerksamkeit und Zeit. Der Aufwand lohnt sich allerdings, weil dabei schmackhafte Röstaromen entstehen. Dabei soll etwa Gemüse einerseits nicht anbrennen, aber auch nicht im Wasser schwimmend dünsten, sondern möglichst angebraten und gebräunt werden. Kontrollieren kann man das durch die sukzessive Zugabe von ganz geringen Wassermengen und nicht zu großer Hitze. Wenn man das Gemüse gleich zu Beginn salzt, wird ihm durch das Salz Wasser entzogen, sodass es besser bräunt. Falls es zum Rezept passt, kann am Ende des Bratens etwas Zucker dazugegeben werden, damit die Oberfläche karamellisiert und ein würziger, runder Geschmack entsteht.

den. Auch die Kuchenformen sollten anstatt eingefettet mit Backpapier ausgelegt werden. Für Aufläufe fügt man den Zutaten eine Flüssigkeit hinzu, um ein Anbrennen zu vermeiden. Fettarme Kuchen backt man besser nicht zu heiß, bei maximal 180 °C. Falls Sie MCT-Öl oder MCT-Margarine verwenden, wird empfohlen, bei max. 200 °C 50 Minuten zu backen.

- **Grillen:** Auf dem Grillrost bilden sich feine Röstaromen.
- **Heißluftfritteuse:** Mit einer Heißluftfritteuse lässt sich mit wenig Aufwand Gemüse etc. lecker rösten. Für die Rezepte im Buch wird sie aber nicht benötigt.
- **Garen in Bratfolie/Bratschlauch:** Die Lebensmittel in der Bratfolie werden schonend und ohne Fett im eigenen Saft gegart.
- **Garen im Römertopf:** Vorteile des Römertopfs sind, dass man sehr wenig Flüssigkeit braucht und fast immer ohne Fettzugabe garen kann.

Einkaufstipps

In der Regel bedeutet fettarme Ernährung, dass alle einzelnen Zutaten frisch verarbeitet werden, weil Fertigprodukte zu fetthaltig sind.

Der Einkauf fettarmer Lebensmittel ist am Anfang zeitaufwendig, da die Nährwerttabellen auf den Packungen gelesen und verglichen werden müssen. Mit der Zeit greift man gezielt in den verschiedenen Supermärkten zu den geeigneten Produkten, die man kennengelernt hat.

Auf fettarme Varianten achten Wenn es verschiedene Varianten von Lebensmitteln gibt, ist der Fettgehalt bei den Rezepten immer explizit angegeben, z. B. »Joghurt (0,2 % Fett)«. Beim Einkauf muss man bei diesen Produkten also darauf achten, das fettarme Produkt auszusuchen.

Es lohnt sich, immer wieder auf Entdeckungstour zu gehen, denn von Zeit zu Zeit kommen neue Produkte auf den Markt. Der Trend, bewusster mit Fettkonsum umzugehen, kommt uns entgegen, wenn wir auf fettarme Lebensmittel angewiesen sind.

High-Protein-Produkte Die »High-Protein«-Produkte sind teilweise nicht nur reich an Eiweiß, sondern auch sehr fettarm. Es lohnt sich, sie zu überprüfen und zu probieren.

Bei verschiedenen Lebensmitteln haben die Eigenmarken der Supermärkte bzw. die günstigen Produktlinien den geringeren Fettanteil im Vergleich zu den teureren Marken.

Testen Sie auch verschiedene Möglichkeiten. Ein Beispiel: Magerquark mit 0,2 % Fett schmeckt anders als fettarmer, cremiger Quark mit 0,2 % Fett. Ich verwende verschiedene Quarkarten, verschiedene Marken für unterschiedliche Zwecke.

Wenn mir eine Sorte Skyr Joghurt mit 0,2 % Fett nicht so gut schmeckt, versuche ich trotzdem noch einen anderen. Denn es gibt feine Unterschiede im Geschmack und in der Konsistenz. So finden Sie Ihre Lieblingsprodukte.

Die hier im Kochbuch angeführten Lebensmittel sind vielfältig und gut erhältlich. Ich versuche, exotische oder nur selten verwendete Zutaten zu vermeiden, die man nur für ein einziges Rezept benötigt.

Nur wenige Produkte sind so interessant oder wichtig als Ersatz für fetthaltige Lebensmittel, dass sich der Aufwand lohnt, sie »extra« einzukaufen.

Nach Alternativen suchen! Etwa bei Getreideflocken: Hier gilt es, Haferflocken (mit einem recht hohen Fettgehalt von 7 %) zu vermeiden. Im Bioladen findet man z. B. Roggenflocken, Weizenflocken und Buchweizenflocken mit ca. 2 % Fett. Letztere schmecken etwas nussig, sind also eine gute Abwechslung.

Verpackungen studieren Während des Einkaufs lohnt es sich, vor allem bei den Hauptzutaten aufmerksam den Fettanteil zu vergleichen und das Produkt mit dem geringsten Fettanteil auszuwählen. Bei Reis und Nudeln verwenden wir zum Beispiel 100–200 g pro Portion. Es macht also einen Unterschied, ob der Reis 0,8 % oder 3 % Fettanteil hat.

Bei Zutaten, von denen nur kleine Mengen verwendet werden, spielen dagegen feine Unterschiede im Fettgehalt keine so große Rolle.

Wenn wir Hefeflocken oder ein paar Stäubchen Kokosflocken über unser Gericht streuen, wiegt das fast nichts. Auch Sesam oder Schwarzkümmel sind intensiv im Geschmack und wiegen dabei nur sehr wenig!

Küchen- oder garfertige Produkte kaufen

Bei einigen Gerichten verwenden wir küchenfertige oder garfertige Produkte, die eine schnellere Zubereitung ermöglichen, zum Beispiel Kartoffelpüree oder Kartoffelpufferteig aus der Packung. Beides kann natürlich auch aus frischen Kartoffeln gemacht werden, was dann einen etwas höheren Aufwand erfordert.

Küchenfertig vorbereitetes, gemischtes Tiefkühlgemüse (komplett naturbelassen, ohne Zusatz von Fett) ermöglicht eine gute Vielfalt und spontane, schnelle Zubereitung, auch bei kleinen Portionsgrößen.

So verändert sich nach und nach die Art der Lebensmittel, die wir kaufen und auf Vorrat zu Hause haben. Neue Gewohnheiten stellen sich ein, die Umstellung ist geschafft.

Immer als Vorrat im Haus

Um mir den Alltag zu erleichtern, habe ich einen Grundstock an haltbaren Lebensmitteln immer als Vorrat im Haus. Sie werden laufend verwendet, und vor allem, wenn's mal schnell gehen muss, kann man daraus flexibel ein leckeres, sättigendes Gericht zaubern oder auch einfach mal naschen.

- **Im Kühlschrank:** Milch (0,1 % Fett), Frischkäse (0,2 % Fett), Quark und Joghurt (0,2 % Fett), außerdem Kanso MCT-Öl 100 % und 77 % (soll nicht über

25 °C gelagert werden) und Kanso MCT-Margarine, Hühner-/Putenbrustaufschnitt bzw. Schweineschinken/Karreeschinken leicht, abgepackt (1,5–3 % Fett)
- **Im Keller/Vorratsschrank:** fettarme Grundnahrungsmittel, die gut sättigen: Kartoffeln (0,1 % Fett), Reis (ca. 1 % Fett), Milchreis (ca. 1 % Fett), Linsen (ca. 1,5 % Fett), Nudeln (ca. 1,5 % Fett), Maronen (abgepackt, vorgekocht, geschält ca. 1,5 % Fett), Vollkornbrot (abgepackt in Scheiben, ca. 1 % Fett)
- **Konserven:** stückige Tomaten, Mais (ca. 1,5 % Fett), Thunfisch in Wasser (ca. 1 % Fett), Bohnen (ca. 0,5 % Fett), Fertigsuppen (z. B. Tomatensuppen gibt es mit einem Fettanteil ab 0,5 %), sauer

eingelegtes Gemüse wie z. B. Sauerkraut, Rotkohl, Essiggurken, Peperoni

- **Tiefkühlware:** einzelne Sorten Gemüse oder Gemüsemix, ungewürzt, verschiedene Zusammenstellungen (z. B. Brokkoli/Blumenkohl/Karotten oder Asia-Mischung), Tiefkühlkräuter (z. B. Petersilie, Dill, Basilikum oder Kräutermischungen), Fisch (z. B. Kabeljau, Zander, Scholle), gemischte rote Beeren (zum Verfeinern von Joghurt: neutraler Joghurt mit 0,2 % Fett mit Früchten ist besser als ein Fruchtjoghurt mit 0,2 % Fett, denn dieser enthält wesentlich mehr Zucker), Eis (Fruchtsorbets gibt es mit einem Fettgehalt von unter 1 %; Schokoeis oder Vanilleeis gibt es als »High-Protein«-Produkt mit ca. 2,5 % Fett)
- **Süßes:** Honig, Marmelade, Gummibärchen, Reis- oder Maiswaffeln z. B. mit Honig- oder Apfelgeschmack (ca. 2 % Fett), abgepacktes Magenbrot, Biskuitstangen, Schokopuddingpulver (Pudding gekocht mit Milch, 0,1 % Fett), Apfelmus (zum Naschen und Backen), Trockenobst (z. B. Rosinen, Datteln, Aprikosen), Trinkkakaopulver (ca. 3 % Fett), Schokosauce (bei den Eissaucen zu finden, ca. 1–4 % Fett), Cornflakes (ca. 1 % Fett, mit Milch, 0,1 % Fett verzehren oder auch »trocken« knabbern), manche Früchtemüslis gibt es mit ca. 3 % Fett
- **Salziges zum Knabbern:** Salzstangen (ca. 2,5 % Fett), Reis- oder Maiswaffeln z. B. mit Salz oder Rosmarin (ca. 2 % Fett)
- **Gewürze/Saucen:** diverse getrocknete Kräuter, Paprikapulver, Gewürzmischungen (z. B. Curry, Ras el Hanout oder außergewöhnliche Mischungen von diversen »hippen« Anbietern), Instant-Brühe in Pulverform (ca. 0,5 % Fett), Tomatenmark, guter Essig/Essigvarianten, Senf (Achtung: 2,5–12 % Fett), Asia-Saucen (z. B. Sojasauce, Austernsauce)
- **Backzutaten:** Weizenmehl (Type 405, ca. 1 % Fett), Stärkemehl, (Weinstein-) Backpulver, Speisenatron, Butter-Vanille-Aroma, Zucker, Vanillezucker, Zimt, Flüssigeiweiß

Kompromisse und Gewöhnung des Geschmacks

Natürlich fordert dieser konsequente Verzicht auf Fett Kompromisse. Fett ist nun mal ein Geschmacksträger, mit dem man zudem den Speisen oft eine cremige Konsistenz verleiht. Bei den Rezepten im Buch verwenden wir frische Zutaten, verfeinern z. B. mit Gewürzen und Kräutern und tauschen das Fett gegen geeignete Alternativen aus.

Ehrlich gesagt, würde die bisher gewohnte Sahnesauce bei manchen Gerichten durchaus auch gut schmecken. Beim Backen haben wir länger getüftelt, bis wir leckere Kuchenrezepte entwickelt hatten. So setzen wir dem Verzicht auf Fett als Geschmacksträger unsere Kreativität entgegen.

Der Geschmack ändert sich Dabei hilft uns, dass sich im Lauf der Zeit unser Geschmacksempfinden verändert. Wir gewöhnen uns an viele fettarme Optionen.

Wer bisher teilweise Fertigprodukte gegessen hat, verzichtet nicht nur auf Fett als Geschmacksträger, sondern auch auf die Geschmacksverstärker, die darin enthalten sind. Dessen sollte man sich bewusst sein.

Geben Sie sich Zeit für eine Umgewöhnung. Probieren Sie die Produkte und Rezepte, die Ihnen vielleicht zuerst nicht besonders zusagten, nach einer Weile noch einmal. Wenn die Umstellung zur neuen Gewohnheit geworden ist, wird vieles leichter!

Tipps & Tricks bei der Zubereitung

Reste verwerten und auf Vorrat kochen

Die fettarme Ernährung setzt etwas Organisation voraus. Mal eben schnell einen Snack von der Imbissbude essen kommt nicht infrage, die Mahlzeiten müssen selbst zubereitet werden. Eine geschickte Taktik bei der Planung der Gerichte bringt Abwechslung und spart Arbeitsaufwand. Verwerten Sie Reste und verwenden Sie sie als Basis für eine neue Mahlzeit. Wenn eine Beilage vom Vortag schon fertig ist, kann man sie schnell neu kombinieren und daraus ein neues Gericht kreieren. So entsteht bestenfalls ein Kreislauf, der Zeit spart und leckere Gerichte hervorbringt.

Hier einige Beispiele zur Resteverwertung oder zur gezielten Zubereitung für den nächsten Tag oder als Vorrat:

- Einige Nudelsaucen kann man prima auch als Brotaufstrich genießen (Rezept »Nudeln & Basilikum-Maronen-Pesto«, Seite 95).
- Bei einem Kürbis-Hauptgericht etwas mehr Kürbis kochen, parallel einen Brotaufstrich auf Kürbisbasis zubereiten (Rezept »Curry-Mango-Kürbis-Frischkäse«, Seite 61).
- Aus warmen Gemüse-Hauptgerichten am nächsten Tag mit Dressing oder Sojasauce einen Salat zubereiten.
- Aus Gemüse, das nicht mehr ganz knackig-frisch ist, cremige Gemüsesuppen kochen und diese auch portionsweise einfrieren.
- Cremige Suppen als Saucenbasis für Gemüse, Nudeln oder Reis verwenden (Rezept » Karotten-Ingwer-Curry Cremesuppe«, Seite 86).
- Saucen in größerer Menge vorkochen und zur späteren schnellen Verwendung portioniert einfrieren (Rezept »Wild mit Quarkspätzle und Blaukraut«, Seite 123).
- Viele kleine Gemüsereste können zu bunt gemischten Salaten verarbeitet werden (Rezept »Couscoussalat«, Seite 78) oder zu einem schnellen

gemischten Gemüse, z. B. mit einer Asia-Sauce.

- Gezielt mehr von einem Bestandteil einer Mahlzeit kochen, um ihn am nächsten Tag neu zu kombinieren. Zum Beispiel: 1. Tag: Gemüsegericht mit Reis, 2. Tag: gleiches Gemüse mit Fisch, 3. Tag: Fisch (aufgewärmt, gut durcherhitzt) mit Kartoffeln, 4. Tag: Kartoffelpüree (aus den am Vortag gekochten Kartoffeln) mit Karottengemüse, 5. Tag: Karottengemüse mit gebratener Hühnerbrust, 6. Tag: kalte Hühnerbrust (am Vortag mitgebraten) als Salatbeilage.

Wenn man beim Planen einer Mahlzeit schon überlegt, was man als Nächstes kocht, hat man schnell ein weiteres leckeres Gericht zur Hand.

Varianten für andere einplanen

Ein Gericht, parallel in zwei Töpfen, einmal in der fettarmen Variante und einmal in der »normalen« Variante für die anderen Haushaltsmitglieder oder für Gäste gekocht, macht alle satt und zufrieden. Hier einige Beispiele, wie Sie die fettarmen Rezepte aus diesem Buch unkompliziert zu »normalen« Gerichten abwandeln können:

- zu Cremesuppen oder Saucen am Schluss einen Schuss Sahne geben
- Rezept »Ungarisches Letscho vegetarisch« (Seite 100): mit angebratenem Bauchspeck anreichern
- Rezept »Gefüllte Paprikaschoten« (Seite 102): zusätzlich mit Hackfleisch füllen
- Rezept »Schnelles Asia-Gemüse« (Seite 98): mit gebratenen Fleischstreifen ergänzen
- über Nudelgerichte geriebenen Parmesan streuen
- Sahne in Gemüsegerichte rühren oder einen Klecks Schmand als Dip auf den Teller geben
- Salate mit einem Schuss Olivenöl verfeinern oder auch mit gebratenem Ziegenkäse ergänzen
- Gemüse aus dem Ofen mit Käse überbacken

Schnelle Salat-Varianten

Für einfache gemischte Salate und Rohkost gibt es natürlich vielerlei Möglichkeiten, die für die fettarme Ernährung geeignet sind. Da Salate nicht schwierig zuzubereiten sind, gehe ich hier im Kochbuch, abgesehen von einigen speziellen fettarmen Dressings, nicht näher darauf ein und möchte nur ein paar Ideen nennen, mit welchen feinen Zutaten man Salate variieren und aufpeppen kann:

- Obst, z. B. Orangen, Granatapfelkerne, Himbeeren, Blaubeeren, Ananas
- Pumpernickelkrümel oder Buchweizenkörner geröstet (statt Sonnenblumen- oder Kürbiskerne)
- Croutons aus Weißbrot, selbst angeröstet mit Kräutersalz, oder geröstete Maronen

- frische Sprossen (Sojasprossen, Mungobohnenkeimlinge)
- Champignons, getrocknete Tomaten, Stangensellerie, Kohlrabi, Rettich, Spitzkohl oder Rotkohl
- Konserven: Mais, Sellerie, Blumenkohl, Rote Bete, Bohnen
- reichlich frische Kräuter
- Zutaten wie Linsen, Kartoffeln oder Couscous schmecken und sättigen gut

Grundlagen für Saucen

Flüssigkeit hinzufügen Bei der fettarmen Zubereitung, z. B. beim Dünsten von Gemüse, entsteht keine Sauce »von alleine«. Auch ein Schuss Sahne oder Ähnliches kommt nicht in Frage. Mit folgenden Möglichkeiten gelingen geschmackvolle Saucen:

© v_l/stock.adobe.com - Stock photo. Posed by a model

- Flüssigkeiten hinzufügen: Weißwein, Rotwein, Bier, Milch (0,1 % Fett)
- Gemüse pürieren: Einen Teil des im Gericht enthaltenen Gemüses pürieren. Oder Tomatensugo zugeben. Mit angebräunten Zwiebeln erhält er einen tollen Geschmack.

Flüssigkeit binden Zum Binden ohne Fett und für eine cremige Konsistenz können folgende Zutaten verwendet werden:

- etwas Mehl oder Speisestärke (müssen erhitzt werden)
- Béchamelsauce (mit wenig Fett gemacht, siehe Rezept »Cremige Spargelsuppe«, Seite 86)
- Frischkäse (0,2 % Fett), Quark oder Joghurt (0,2 % Fett)
- Hefeschmelz mit Hefeflocken (siehe Rezept »Gemüsegratin mit Hefeschmelz«, Seite 103)
- püriertes Gemüse, pürierte Maronen (vorgekocht, geschält, ca. 1,5 % Fett)

Zum Binden von kalten Speisen eignet sich auch Guarkernmehl (ca. 1 % Fett).

Würzen

Fett ist auch ein Geschmacksträger. Bei fettarmen Zutaten sorgen etwas mehr Würze und auch mal außergewöhnliche Geschmacksrichtungen für Ausgleich. Hier finden Sie Möglichkeiten für verschiedene Einsatzzwecke:

- neue Gewürzmischungen als Ergänzung zu häufig verwendeten Basisgewürzen; sie eröffnen interessante neue Geschmacksrichtungen
- frische Kräuter; sie schmecken wesentlich intensiver als die getrockneten Varianten
- Instant-Gemüsebrühe oder entfettete Fleischbrühe sowie Instantpulver für braune Sauce; einfach in der Zubereitung, unterstreichen den Geschmack eines Gerichts
- gebräunte Zwiebeln als Basis für viele Gerichte
- Hefeflocken wirken (z. B. bei herzhaften Aufstrichen) geschmacksverstärkend und erzeugen eine leichte Käsenote. Die Flocken einfach einstreuen oder zu einem Hefeschmelz zubereiten (siehe Rezept »Gemüsegratin mit Hefeschmelz«, Seite 103)
- Zugabe von Gewürzen (z. B. Curry, Senf, Tomatenmark, Salz) oder etwas Zucker bzw. Honig (auch bei herzhaften Gerichten); sie können den manchmal leicht »hohlen« Geschmack der fettarmen Milchprodukte etwas ausgleichen.
- Vegane Milchalternativen (wie z. B. Cashew-, Kokos-, Mandelmilch) mit ca. 0,7 % Fett erzeugen bestimmte Geschmacksnoten, ohne dabei Nüsse und Kokosprodukte mit hohen Fettanteilen zu verwenden.
- Fruchtige Säure wie Zitronen-/Limettensaft oder Orangenstückchen bringt etwas Kick in den Salat oder in warme Gerichte. Die Süße von Obst (Äpfel, Orangen, getrocknete Pflaumen) steuert frische Aromen bei.
- Asia-Saucen bringen Abwechslung bei schnellen Gemüsegerichten, z. B. Soja-, Austern-, Teriyaki-, Hoisin-, Wok- oder süß-saure Sauce oder Ketjap Manis, Sambal Olek und Chilisauce.
- Auch Reste, z. B. von einer Grillsauce (die »roten« Saucen haben in der Regel um die 0,5 % Fett) oder der Sud aus dem Essiggurkenglas, können noch zum Würzen verwendet werden.

Tipp

Haben Sie mehr Zeit, empfehle ich vor allem für klare Suppen und dunkle Saucen, frisches Suppengemüse zunächst vorsichtig gründlich anzurösten, bis es schön gebräunt ist, und dann auszukochen. Das geht mit etwas Geduld tatsächlich auch ohne Fett und erzeugt feine Röstaromen und eine schöne Färbung.

Fett und Eigelb ersetzen

Fett kann durch verschiedene Alternativen ersetzt werden. Es bietet sich an, für süße und herzhafte Rezepte unterschiedliche Zutaten zu wählen, möglichst jeweils passend zum Geschmack des Gerichts. Die Praxis zeigt dann, welche Kombinationen am besten funktionieren, damit etwa ein Teig schön locker wird. (Alternativen für Süßspeisen und Gebäck werden im Kapitel »Tipps & Tricks für Süßspeisen & Gebäck«, S. 154 erklärt.)

Alternativen für 100 g Fett für Teig für herzhafte Gerichte:

- 100 g Joghurt (0,2 % Fett) oder Quark (0,2 % Fett), evtl. zzgl. 1 EL Grieß
- 100 g Kürbismus (ist ziemlich geschmacksneutral, bringt eine schöne gelbe Farbe)
- 1 TL Speisenatron, mit etwas hellem Essig oder Zitronensaft angerührt
- einen Teil des Fettes auch durch Sprudelwasser ersetzen

Ein Eigelb hat ca. 7 g Fett. Es kann beim Kochen, etwa von Aufläufen, durch unten aufgeführte Alternativen ersetzt werden. Für die fehlende gelbe Farbe eine Prise Kurkumapulver (schmeckt neutral) oder Safran (mit feinem Eigengeschmack) zugeben. Alternativen für Eigelb können sein:

- etwas Mehl oder Speisestärke
- püriertes Gemüse
- Béchamelsauce (mit wenig Fett zubereitet), siehe Rezept »Cremige Spargelsuppe«, Seite 86
- Frischkäse (0,2 % Fett), Joghurt (0,2 % Fett) oder Quark (0,2 % Fett)
- Hefeschmelz mit Hefeflocken (zum Beispiel im Rezept »Gemüsegratin mit Hefeschmelz«, Seite 103)
- Buttermilch (siehe Rezept »Blumenkohl-Kartoffel-Auflauf mit Schinken«, Seite 118)

Die nachfolgenden Lebensmitteltabellen sind in drei Kategorien unterteilt:

- In der linken Spalte finden Sie Lebensmittel mit weniger als 1 % Fett, die nahezu »fettfrei« sind und reichlich gegessen werden können.
- Die Produkte in der mittleren Spalte haben einen geringen Fettanteil, beurteilen Sie hier individuell, wie viel Sie davon auf Ihren Speiseplan setzen können oder möchten.
- Die Lebensmittel in der rechten Spalte haben einen sehr hohen Fettgehalt und müssen somit leider vom Speiseplan gestrichen werden. Auch so manche unerwartete, versteckte Falle wird aufgezeigt.

Im Alltag muss man abwägen: Fettarme Zutaten können in großen Mengen gegessen werden. Produkte mit einem nennenswerten Anteil an Fett kommen zwar nicht als Hauptzutaten infrage, aber in ganz geringen Mengen schlagen sie auch nur wenig auf die Bilanz. So gibt es vielleicht den einen oder anderen kleinen Luxus.

Suchen Sie sich z. B. einen ganz mageren Fisch aus, dann haben Sie mehr Spielraum bei der Sauce, den Beilagen oder auch für eine Nachspeise!

Fettgehalt von Lebensmitteln

Obst & Gemüse

Zutaten mit < 1% Fett	Geringer Fettanteil, individuell beurteilen:	Vorsicht, hoher Fettanteil:
Alle Obstsorten < 0,5 % Trockenfrüchte < 1 % Alle Gemüsesorten < 0,5 % Kräuter < 0,5 % Kartoffeln haben nur 0,1 % Fett und machen richtig satt! Kartoffelprodukte: Gnocchi, Kartoffelknödelteig, Kartoffelpufferteig Sauerkonserven: z. B. Essiggurken, Mixed Pickles, Sauerkraut, Rotkohl	Zwischen 2 und 4 % Fett: Sojabohnen Mais Kichererbsen Maronen vorgekocht, geschält Bei Hülsenfrüchten wie Bohnen, Linsen und Erbsen gibt es Unterschiede: 1–2 % Fett; bitte auf die Nährwertangaben achten. Sie liefern viel Eiweiß und Ballaststoffe und sättigen gut.	Achtung bei Trockenfrüchten: Bananenchips 30 % Avocado ca. 13 % Oliven mind. 10 % Nüsse und Schalenobst: z. B. Haselnüsse, Walnüsse, Cashewkerne, Macadamianüsse, Mandeln, Pistazien, Paranüsse, Erdnüsse, Kokosnuss 40–70 %

Ei

Zutaten mit < 1% Fett	Geringer Fettanteil, individuell beurteilen:	Vorsicht, hoher Fettanteil:
Eiweiß Eiweißpulver Ich bringe es schlecht über mich, das Eigelb wegzuwerfen, verwende daher bei großen Mengen lieber Eiklar aus dem Fläschchen, online bestellt. 1 Eiweiß entspricht ca. 30 g Flüssigeiweiß	Mehr dazu unter Tipps & Tricks, Eigelb ersetzen (Seite 44/45 und 154) durch Alternativzutaten	Eigelb (1 Eigelb der Größe M hat 7 g Fett)

Milchprodukte

Zutaten mit < 1% Fett

H-Milch (entrahmt)	0,1 %
Joghurt (Natur und mit Frucht)	0,2 %
Quark	0,2 %
Dickmilch (entrahmt)	0,1 %
Buttermilch	0,5 %
Molke süß	0,2 %
Frischkäse (Natur od. Kräuter)	0,2 %
Harzer Käse, Skyr-Käse	0,5 %

Tipp: Skyr ist ein fettarmes, joghurtähnliches Milchprodukt (0,2 % Fett), hergestellt nach isländischem Rezept. Es gibt Skyrprodukte in großer Vielfalt, auch Skyr-Eis, eine cremige Alternative zu den Sorbet-Eissorten, die auch geeignet sind.

Vergleichen lohnt sich: z. B. zwischen Magerquark und cremigem Quark gibt es Unterschiede. Einfach durchprobieren und für verschiedene Rezepte einsetzen.

Geringer Fettanteil, individuell beurteilen:

Milchprodukte mit ca. 2 % Fett:

Schichtkäse	ab 2 %
Kochkäse	1,8 %
»Protein-Mozzarella«	2,6 %

Tipp: Die »High-Protein«-Produkte haben oft einen sehr geringen Fettanteil.

In kleinen Mengen kommen eventuell in Frage :

Ziegenfrischkäse	ca. 10 %
Schmelzkäse light	9 %
Schmelzkäsescheiben light	11 %
Ricotta	ca. 10 %
Mozzarella light	ca. 8 %
Feta light	9 %
Camembert light	16 %
Leerdammer light	16 %
saure Sahne	10 %

Kleiner Luxus?
Parmesan hat zwar ca. 30 % Fett, aber fein gerieben, in ganz geringen Mengen kann man ihn sich vielleicht gönnen ...

Vorsicht, hoher Fettanteil:

Käse hat leider einen sehr hohen Fettanteil:

z. B. Feta, Mozzarella	ca. 20 %
Hartkäse	+/– 30 %

Vorsicht Falle: Vegane Milchalternativen, z. B. Hafer-, Mandel-, Sojamilch haben mehr Fettanteil als die links genannten Kuhmilchprodukte mit ca. 0,2 % Fett. Das gilt in der Regel auch für Tofu und andere Sojaprodukte.

Fleisch, Wurst und vegane Fleischersatzprodukte

Zutaten mit < 1% Fett	Geringer Fettanteil, individuell beurteilen:	Vorsicht, hoher Fettanteil:
Als Alternative zu Hackfleisch gibt es veganes Hack auf Erbsen- oder Sojabasis ab 0,5 % Fett in der Kühltheke oder auch Sonnenblumenhack mit ca. 2 % Fett.	Fleisch: Hähnchenbrustfilet 1,5 % Putenbrustfilet 1,5 % Putenkeule 4 % Schweinefilet 2 % Kalbsfilet/-medaillons 1,5 % Kalbsschnitzel 2 % Kalbsfilet 1,4 % Kalbsschlegel 1,6 % magere Stücke vom Wild, Rind, Oberschale oder Hüfte ab 2,5 % Rinderfilet 4,4 % Rinderlende/Roastbeef 3,8 % Aufschnitt: magerer Schinken vom Schwein 2 % Lachsschinken 2 % Hähnchen in Aspik 2 % Corned Beef ab 2 % magere Bratensülze 1,5 % Geflügelaufschnitt mit hohem Gemüseanteil ca. 2 % Kassler (auch Hähnchenkassler) 2 % Räucherschinkenwürfel 2 % fettarmer Karreeschinken 3 % magerer kalter Braten 3 % Bresaola 3 % Bündnerfleisch 4 % **Tipp:** Es gibt immer mal wieder neue fettarme Wurstprodukte, es lohnt sich, mit offenen Augen durch den Supermarkt zu streifen oder auch online zu recherchieren.	Wurst ca. 30 % Aufschnitt ca. 22 % Streichwurst ca. 30 % Bratwurst ca. 30 % Geflügelwurst ca. 15 % vegane Wurstprodukte ca. 25 % Es gibt viele vegane Produkte, die mit Pflanzenfetten hergestellt werden und somit einen zu hohen Fettanteil haben.

Fisch und Meeresfrüchte

Zutaten mit < 1% Fett		Geringer Fettanteil, individuell beurteilen:		Vorsicht, hoher Fettanteil:	
Kabeljau/Dorsch	0,5 %	Scampi, Shrimps, Garnelen	1 %	Lachs	14 %
Zander	0,7 %	Oktopus/Tintenfisch	1 %	Makrele	ab 8 %
Flunder	0,7 %	Miesmuscheln	1,3 %	Hering	ca. 10 %
Scholle	0,8 %	Jakobsmuscheln	1 %		
Schellfisch	0,5 %	Austern	1,2 %		
Barsch/Flussbarsch	0,8 %	Seezunge	1,4 %		
Seelachs	0,8 %	Victoriabarsch	2 %		
Seehecht	0,9 %	Saibling	2–3 %		
Hecht	0,9 %	weißer Heilbutt	2,3 %		
Flusskrebse	0,5 %	Pangasius	2 %		
Thunfisch in der Konserve		Forelle	2,7 %		
mit Wasser	0,6 %	Renke	3,2 %		
		Thunfisch frisch ab	3 %		
		Rotbarsch/Goldbarsch	3,6 %		
		Wolfsbarsch (Loup de Mer)	4 %		
		Dorade/Brasse	5 %		

Gewürze/Saucen

Zutaten mit < 1% Fett	Geringer Fettanteil, individuell beurteilen:	Vorsicht, hoher Fettanteil:
Instant-Gemüsebrühe oder entfettete Fleischbrühe, Instant-Bratensauce: auf Fettgehalt achten, hier gibt es Unterschiede! < 0,5 % Tomatenketchup, rote Grillsaucen auf Tomatenbasis, Asiasaucen, z. B. Soja-, Austern-, Teriyaki-, Süß-sauer-, Hoisin-, Woksauce oder Ketjap Manis, Sambal Oleg, Chilisauce	Senf zwischen 2,5 und 12 %	Helle Grillsaucen, z. B. Cocktail- oder Knoblauchsauce ca. 30 % Currypasten, indische Saucen zwischen 4 und 12 %

Brot, Teigwaren, Reis, Getreide

Zutaten mit < 1% Fett

Reis, poliert:
z. B. Basmati, Jasmin, Parboiled Reis gibt es unter 1 % Fett

Reisnudeln	0,5 %
Nudeln auf Linsenbasis	0,7 %
Konjaknudeln	0,2 %
Konjakreis	0,2 %
Strudel-/Filo-/Yufkateig als Blätterteigersatz (aus dem Kühlregal)	0,7 %

Geringer Fettanteil, individuell beurteilen:

Weizen- oder Roggenmehl	ca. 1 %
Weizen-, Roggen- oder Buchweizenbrot/-semmeln	ca. 1 %
Weizengrieß	ca. 1 %
Polenta	ca. 1 %
Dinkelmehl	ca. 2 %
Couscous	ca. 2 %
Bulgur	ca. 2 %
Schüttelbrot	ca. 2 %
Salzstangen	ab 2 %
Hartweizennudeln ohne Ei	1,5–2 %
Kamutnudeln	ca. 1,5 %
Nudeln auf Erbsenbasis	1–2 %
Reis-/Maiswaffeln	ca. 1 %

Tipp: Als Müslialternative:

Roggenflocken	ca. 2 %
Buchweizenflocken	ca. 2 %
Kamutflocken	ca. 2,6 %
Dinkelflocken	ca. 3 %
manche Früchtemüslis	ca. 3 %
Kindermüsli	ca. 3 %
manche Cornflakes	ca. 1 %

Es gibt abgepacktes und geschnittenes Vollkornbrot ab ca. 1 % Fett.
Auch Pumpernickel hat nur 1 % Fett.

Eine willkommene Abwechslung!

Vorsicht, hoher Fettanteil:

Vorsicht Falle:

Vollkornbrot	5–10 %
Keimlinge	ca. 12 %
Haferflocken	7 %

Brezeln enthalten meist Öl oder Fett ca. 3–5 %
Bei Tiefkühlbrezeln kann man auf der Packung nachlesen, oft enthalten sie um die 1,5 %.

Vollkornreis	ca. 3 %
Eiernudeln	ca. 4 %
Saaten (Kürbiskerne, Sonnenblumenkerne, Leinsamen, Sesam, Mohn etc.)	30–50 %

Bei einigen Bäckern kann man die Nährwertangaben der Backwaren erfragen, um den genauen Fettgehalt zu ermitteln.

Vorsicht mit Zucker, Kohlenhydraten: Bei übermäßiger Aufnahme werden Zucker und Kohlenhydrate ebenfalls in Fett verwandelt. Also in Maßen genießen!

Süßes

Zutaten mit < 1% Fett	Geringer Fettanteil, individuell beurteilen:	Vorsicht, hoher Fettanteil:
Marmelade, Honig, Ahorn-, Nuss-, Kokossirup (im Supermarkt bei den Kaffee- oder Cocktailsirups zu finden) Maronencreme (mit einem leicht nussigen Geschmack) Zum Naschen: Trockenfrüchte (z. B. Rosinen, Datteln), Gummibären, Baiser, Marshmallows, Fruchtmus, z. B. Apfelmus, Cornflakes (auch »trocken« zum Knabbern) Eis: Fruchtsorbets, Skyr-Eis	Folgende Produkte gibt es mit einem Fettanteil von ca. 2 %: Biskuitstangen Biskuitzungen Amarettini Russisch Brot Magenbrot Pfeffernüsse Aachener Printen Fruchtriegel Popcorn Mit Milch 0,1 % Fett gemacht: Tiramisumousse (z.B. Dr. Oetker) Vanillepudding Karamellpudding **Bei Lust auf Schokolade/ Süsses:** Trinkkakaopulver (ca. 3 % Fett) mit Milch 0,1 % Fett Mit Milch 0,1 % Fett gemacht: Schokopudding Schokomousse (z. B. Dr. Oetker) High-Protein-Eis mit Schoko- oder Vanillegeschmack (ca. 2,5 % Fett) Schokosauce, Schokosirup, Nusssirup, Mandelsirup, Kokossirup: bis 4 % Fett (im Supermarkt bei den Eissaucen bzw. im Getränkemarkt zu finden)	Vorsicht mit Zucker, Kohlenhydraten: Bei übermäßiger Aufnahme werden Zucker und Kohlenhydrate ebenfalls in Fett umgesetzt. Also in kleinen Mengen mit Genuss verzehren! **Kleiner Luxus?** Als Backzutaten eventuell in kleinen Mengen: stark entölter Kakao ca. 12 % Schokostreusel ca. 13 % Backmohnmischung ca. 11 %

Rezepte

Schnelle, unkomplizierte Gerichte und Feines für besondere Gelegenheiten

FRÜHSTÜCK & BROTAUFSTRICHE

Die Gerichte auf den folgenden Seiten sind prima zum Frühstück und oft auch als Snack oder für unterwegs geeignet.

Vor allem für herzhaften Brotbelag ohne Wurst und Käse sind neue Ideen gefragt. Als Basis für geeignete Brotaufstriche dienen im Folgenden meist fettarme Milchprodukte wie Frischkäse mit 0,2 % Fettanteil oder püriertes Gemüse. Auch gekochte Gemüsereste von einem Hauptgericht lassen sich zu einer leckeren Creme verarbeiten.

Maronen, püriert oder gehackt und geröstet, sind eine schmackhafte Alternative für Nüsse, die einen höheren Fettanteil haben, und eignen sich sowohl für herzhafte als auch für süße Gerichte.

Süßliche, nussige Aufstriche kann man prima mit Schokoladen- beziehungsweise Nusssauce zubereiten.

Durch kreative Kombinationen und feine Gewürze eröffnen sich viele neue schmackhafte Möglichkeiten.

Lassen Sie sich inspirieren!

Zutaten immer vorrätig

Bircher Müsli mit Beeren

4 Portionen

Arbeitszeit: 10 Min. • Ziehzeit: ca. 2 Std.

2 Äpfel • 400 g Skyr (0,2 % Fett) • 150 g Weizenflocken • 1 Handvoll Rosinen • 1 TL Vanillezucker • 1 Prise Zimt • evtl. Milch (0,1 % Fett) • nach Belieben Honig • 2 Handvoll gemischte Beeren (können auch tiefgekühlt sein)

- Äpfel vierteln, schälen und raspeln. Sofort mit dem Joghurt vermengen, damit sie nicht braun werden.
- Alle Zutaten außer den Beeren dazugeben, vermischen und ein paar Std. ziehen lassen.
- Je nach Feuchtigkeitsanteil der Äpfel einen Schuss Milch zugeben.
- Tiefgekühlte Beeren auftauen und zum Servieren auf das Müsli streuen.

Nährwerte pro Portion:

›Energie: 280 kcal ›Fett: 1,4 g

Tipp: Tiefgekühlter Beerenmix ist vielfältig gemischt und leicht als Vorrat im Haus zu halten.

Couscous als süße Variante

Couscous mit Apfel und Aprikose

4 Portionen

Arbeitszeit: 10 Min. • Ziehzeit: 15 Min.

125 ml Milch (0,1 % Fett) • 100 g Couscous • 2 kleine Äpfel • 4 Aprikosen • 200 g Apfelmus • Vanillezucker • 1 Msp. Zimtpulver • 1 Msp. gemahlener Kardamom • Zucker oder Honig nach Belieben

- Milch kurz erhitzen, mit dem Couscous vermischen, 15 Min. ziehen und abkühlen lassen.
- Äpfel und Aprikosen klein schneiden. Zusammen mit allen weiteren Zutaten zum Couscous geben, vermengen und frisch servieren.

Nährwerte pro Portion:

›Energie: 190 kcal ›Fett: 1 g

Variante: Schmeckt auch lecker mit Trockenobst, zum Beispiel mit Datteln, Pflaumen oder Rosinen.

Schön locker und luftig

Eiweißomelett

4 Portionen

Arbeitszeit: 10 Min.

400 g Flüssigeiweiß • Salz, Pfeffer, Paprikapulver oder Gewürzmischung, alternativ auch frische Kräuter nach Wahl • 1 EL Hefeflocken • 4 kleine Tomaten • 4–6 Champignons • 80 g Schinken (ca. 2 % Fett)

- Eiweiß auf vier kleine mikrowellenfeste Schälchen aufteilen. Jeweils mit Salz, Pfeffer, Paprikapulver oder Gewürzmischungen oder Kräutern nach Belieben würzen. Hefeflocken dazugeben.

- Tomaten, Champignons und Schinken klein würfeln. Gleichmäßig auf die Schälchen verteilen.

- Für die schnelle Variante: Die Eiweißmasse einzeln in den Schälchen je 2,5 Min. bei 800 Watt in der Mikrowelle garen. Sie wird ohne Rühren wunderbar locker und fluffig.

- Alternativ im Ofen bei 180 °C Ober-/Unterhitze ca. 30 Min. backen.

Nährwerte pro Portion:
›Energie: 85 kcal ›Fett: 0,7 g

Tipp: Schmeckt prima zum Frühstück oder auch als leichte Mahlzeit.

Als Vorrat

Müsliriegel

6 Riegel

Arbeitszeit: 15 Min. • Ziehzeit: 1 Std. • Backzeit: 20–30 Min.

1 reife Banane • 50 g flüssiger Honig • 40 g Buchweizenmehl (oder Weizenmehl) • 1 TL Weinsteinbackpulver • 60 g Buchweizenflocken (alternativ Roggen- oder Weizenflocken) • 120 g gemischte Trockenfrüchte, z. B. Aprikosen, Feigen, Pflaumen, Rosinen, Datteln • 1 Pck. Vanillezucker

- Banane mit 2 EL Wasser mit dem Stabmixer pürieren. Honig dazugeben.

- Mehl mit Backpulver mischen, mit Getreideflocken und klein geschnittenen Trockenfrüchten untermischen. 1 Std. ziehen lassen.

- Eine Auflaufform mit Backpapier auslegen. Die Masse darin verstreichen und mit Vanillezucker bestreuen.

- 20–30 Min. im vorgeheizten Backofen bei 180 °C Ober-/Unterhitze backen. Noch warm in Riegel schneiden.

- Je nach Zutaten halten sie sich im Kühlschrank 1–2 Wochen.

Nährwerte pro Riegel:
›Energie: 150 kcal ›Fett: 0,4 g

Schnell gemacht

Pikanter Frischkäse

4 Portionen

Arbeitszeit: 10 Min.

2–3 Tomaten • ca. 6 Essiggürkchen • 200 g Frischkäse (0,2 % Fett) • Salz, Pfeffer

- Tomaten vierteln, von den Samen befreien und das Fruchtfleisch in kleine Stücke schneiden. Essiggurken ebenfalls in kleine Stücke schneiden.

- Tomaten- und Gurkenstücke mit dem Frischkäse vermischen, mit Salz und Pfeffer abschmecken.

Nährwerte pro Portion:

›Energie: 40 kcal ›Fett: 0,2 g

Saftiges Basisrezept

Karamellisierte Pancakes

Ca. 15 Stück

Arbeitszeit: 40 Min.

1 Eiweiß • 250 g Apfelmus (darf gezuckert sein) • 120 g Weizenmehl (ca. 1 % Fett) • ½ TL Weinsteinbackpulver • 1 Prise Vanillepulver • 1 Prise Salz • 3 Tropfen Butter-Vanille-Aroma • ca. 75 ml Milch (0,1 % Fett) • 1 Prise Zimtpulver • Puderzucker zum Bestreuen

- Eiweiß steif schlagen.

- Alle anderen Zutaten zu einem zähflüssigen Teig verrühren. Am Schluss den Eischnee unterheben.

- Teigkleckse (z. B. 2 EL Teig pro Pancake) in eine beschichtete Pfanne geben. Die noch feuchte Oberseite dünn mit Puderzucker bestreuen. Sobald die Unterseite fest ist, wenden. Noch ca. 3 Min. backen, dabei karamellisiert die Puderzuckerschicht.

Nährwerte pro Pancake:

›Energie: 45 kcal ›Fett: 0,1 g

Variante: Den Puderzucker weglassen und zum Servieren mit Ahornsirup oder Holundersirup beträufeln. Schokosauce (ca. 4 % Fett) schmeckt auch super dazu! Aber Achtung: Dadurch wird der Fettanteil höher!

Leckerer, sättigender Aufstrich

Erdäpfelkas

4 Portionen

Arbeitszeit: 40 Min.

200 g Kartoffeln • 1 kleine Zwiebel • etwas Zucker • 100 g Frischkäse (0,2 % Fett) oder – etwas herzhafter – Kochkäse (1,8 % Fett) • ½ TL Paprikapulver • 1 TL Hefeflocken • Salz, Pfeffer

- Kartoffeln mit Schale weich kochen, abschrecken und abkühlen lassen.

- Zwiebel klein würfeln. In einer beschichteten Pfanne mit Salz und wenig Wasser langsam goldbraun rösten. Kurz vor Ende der Garzeit etwas Zucker zu den Zwiebeln geben, damit sie karamellisieren. Abkühlen lassen.

- Die Kartoffeln pellen und durch eine Presse in eine Schüssel zerdrücken.

- Alle Zutaten vermischen.

Nährwerte pro Portion (mit Frischkäse 0,2 %):
›Energie: 55 kcal ›Fett: 0,2 g

Tipp: Mit gekochen Kartoffelresten von anderen Gerichten ist dieser Aufstrich schnell gemacht.

Würzig-fruchtige Mischung

Frischkäse mit Feigen und Thymian

4 Portionen

Arbeitszeit: 10 Min.

2–3 frische, reife Feigen • 200 g Frischkäse (0,2 % Fett) • 1 TL flüssiger Honig • etwas Salz • 3 Zweige Thymian • 100 g Knäckebrot (ca. 2,5 % Fett)

- Feigen halbieren, mit einem Teelöffel das Fruchtfleisch herauslösen und in eine Schüssel geben. Mit Frischkäse und Honig verrühren. Mit etwas Salz abschmecken.

- Von den Thymianzweigen die Blättchen abstreifen.

- Den Frischkäse auf das Knäckebrot streichen, Thymian darüberstreuen.

Nährwerte pro Portion (inkl. Knäckebrot):
›Energie: 140 kcal ›Fett: 0,9 g

Leicht nussiger Geschmack

Frischkäsebällchen mit Maronen

4 Portionen

Arbeitszeit: 15 Min.

100 g Maronen, vorgekocht und geschält (ca. 1,5 % Fett) • 1 Bund gemischte (Wiesen-)Kräuter • 200 g Frischkäse (0,2 % Fett) • Paprikapulver • Salz, Pfeffer

- Maronen klein hacken. Kräuter ebenfalls hacken.
- Ein Drittel der Kräuter für den Kräutermantel beiseitestellen. Maronen und Frischkäse mit zwei Dritteln der Kräuter vermengen und mit Salz und Pfeffer würzen.
- Aus der Masse Bällchen mit jeweils ca. 2 cm Durchmesser formen.
- Die restlichen Kräuter sowie Paprikapulver jeweils auf einem flachen Teller verteilen. Einen Teil der Bällchen in den Kräutern, den anderen in Paprikapulver wälzen, sodass sie rundherum ummantelt sind.

Nährwerte pro Portion:

›Energie: 80 kcal ›Fett: 0,6 g

Cremig und exotisch

Curry-Mango-Kürbis-Frischkäse

4 Portionen

Arbeitszeit: 30 Min. • Abkühlen der Kürbisstücke: 30 Min.

100 g Fruchtfleisch von Hokkaido-Kürbis • 100 g Mangofruchtfleisch • 200 g Frischkäse (0,2 % Fett) • 1 TL Zucker • 1 TL Currypulver • 1 Prise Salz • 1 Prise gemahlener Kardamom • etwas Schwarzkümmel

- Kürbis in Stücke schneiden, ca. 20 Min. weich kochen, abkühlen lassen. Mango in Stücke schneiden.
- Alle Zutaten außer dem Schwarzkümmel mit einem Stabmixer pürieren.
- Den Schwarzkümmel vor dem Servieren über den Frischkäse streuen.

Nährwerte pro Portion:

›Energie: 60 kcal ›Fett: 0,3 g

Tipp: Wenn von anderen Gerichten Kürbis übrig bleibt, kann er prima zu diesem leckeren Aufstrich verarbeitet werden.

Als Aufstrich oder Dip

Hummus

4 Portionen

Arbeitszeit: 20 Min.

½ kleine Zwiebel • 400 g Kichererbsen aus der Dose (ca. 1,5 % Fett) • 3 Knoblauchzehen • 20 g getrocknete Tomaten (ohne Öl, ca. 2 % Fett) • Saft von 1 Zitrone • 1 TL Kreuzkümmelpulver • 1 TL Currypulver • 1 EL Paprikapulver • 1 Zweig Petersilie, gehackt

- Zwiebel würfeln und in einer beschichteten Pfanne bei mittlerer Hitze langsam anrösten, bis sie braun ist.

- Das Wasser aus der Dose abgießen, auffangen und beiseitestellen, ebenso 1 EL Kichererbsen.

- Knoblauchzehen pressen, Tomaten klein schneiden. Alle Zutaten zu den Kichererbsen geben und pürieren.

- Je nach Konsistenz etwas Kichererbsenwasser dazugeben.

- Den Hummus mit Petersilie bestreuen und mit einigen ganzen Kichererbsen anrichten.

Nährwerte pro Portion:

›Energie: 155 kcal ›Fett: 2,4 g

Mit nussigem Touch

Maronencreme mit Buchweizenknusper

4 Portionen

Arbeitszeit: 15 Min.

100 g Maronencreme • 80 g Buchweizenkörner (ca. 2,7 % Fett)

- Die Buchweizenkörner gründlich unter laufendem, heißem Wasser spülen. Anschließend in einer beschichteten Pfanne knusprig rösten, dabei gelegentlich rühren.

- Brot mit der Maronencreme bestreichen, die Buchweizenkörner darüberstreuen.

Nährwerte pro Portion:

›Energie: 130 kcal ›Fett: 0,7 g

Tipp: Maronencreme findet man in gut sortierten Supermärkten im Marmeladenregal.

Bei Lust auf Schokogeschmack

Banane mit Schokosauce

4 Portionen

Arbeitszeit: 2 Min.

4 Bananen • 500 g Pumpernickel in Scheiben (ca. 0,8 % Fett) • ca. 8 EL Schokosirup (ca. 1 % Fett)

- Bananen in Scheiben schneiden, auf das Brot legen. Schokosirup darüber verteilen.

Nährwerte pro Portion:
›Energie: 390 kcal ›Fett: 1,9 g

Tipp: Den Schokosirup finden Sie im Supermarkt bei den Eissaucen.

Variante: Für ein nussiges Aroma probieren Sie Pumpernickel mit Marmelade und Nusssirup (4 % Fett).

Herzhaft und frisch

Hüttenkäse mit gebratener Paprika

4 Portionen

Arbeitszeit: 15 Min. • Kühlzeit: 20 Min.

1 rote Paprikaschote • 250 g Hüttenkäse/körniger Frischkäse (0,4 % Fett) • 1 TL Paprikapulver • Salz • einige Zweige frischer Thymian

- Paprika in kleine Würfel schneiden. In einer beschichteten Pfanne kurz anbraten. Abkühlen lassen.
- Dann mit Hüttenkäse und Paprikapulver vermischen. Mit etwas Salz abschmecken.
- Mit einigen frischen Thymianblättern garnieren.

Nährwerte pro Portion:
›Energie: 65 kcal ›Fett: 0,5 g

SNACKS, SALATE, SUPPEN

Ob Fingerfood für gesellige Runden, ein leckerer Snack für zwischendurch oder bunte Salate: Für all das gibt es hier Ideen.

Für die fettarme Ernährung ist eine Vielzahl an Salaten geeignet. Hier im Buch bieten die Rezepte vor allem Anregungen, die über reine Rohkost hinausgehen.

Zum Mitnehmen für die Mittagspause oder zum Picknick sind die reichhaltigen, sättigenden Salate mit Zutaten wie Kartoffeln oder Linsen prima geeignet.

Bei den Suppen lässt sich besonders durch langsames, kräftiges Anrösten der Geschmack des Gemüses intensivieren. Man kann sie leicht variieren und und erhält so viele Möglichkeiten für abwechslungsreiche Gerichte. Cremige Suppen können auch als Saucen-Grundlage für Hauptgerichte dienen.

Viel Vergnügen mit den Rezepten auf den kommenden Seiten!

Mit geröstetem Gemüse

Flammbrot mit Hüttenkäse und Gemüse

8 Flammbrote

Arbeitszeit: 30 Min. • Geh-/Backzeit: ca. 3 Std.

Für den Hefeteig:

- ½ Würfel (21 g) frische Hefe
- 1 TL Salz
- 1 TL Zucker
- 400 g Weizenmehl (ca. 1 % Fett)
- 1 EL MCT-Öl

Für den Belag:

- 4 Schalotten
- 1 EL MCT-Öl
- 1 TL Zucker
- Salz
- je 1 große gelbe und rote Paprikaschote
- 400 g Hüttenkäse (0,4 % Fett), abgetropft
- etwas frischer Majoran

- Hefe in 75 ml warmem Wasser mit Salz und Zucker verrühren. Ca. 30 Min. bei 30–40 °C gehen lassen.

- Mehl in eine Schüssel geben und die Hefe mit Öl und ca. 100 ml Wasser unterrühren. Dann gründlich von Hand zu einem geschmeidigen Teig verkneten. Mit einem Geschirrtuch abdecken und an einem warmen Ort mindestens 2 Std. gehen lassen.

- Schalotten in Streifen schneiden und mit Öl in einer beschichteten Pfanne vorsichtig anbraten. Falls sie zu trocken werden, etwas Wasser hinzufügen. Wenn sie leicht gebräunt sind, Zucker und etwas Salz zugeben, kurz karamellisieren und herausnehmen.

- Paprika in Streifen schneiden und in der Pfanne kurz anbraten, salzen.

- Ofen auf 180 °C Ober-/Unterhitze vorheizen.

- Teig in acht Teile teilen, kurz kneten und zu länglichen Fladen ausrollen.

- Ein Blech mit Backpapier auslegen, Fladen auf das Blech legen. Hüttenkäse darauf verstreichen. Mit Paprika und Zwiebeln belegen. Ca. 30 Min. backen.

- Mit etwas Majoran garnieren.

Nährwerte pro Stück:

›Energie: 240 kcal ›Fett: 2,4 g, davon 1,4 g MCT

Variante: Den Teig kann man auch als Pizzaboden verwenden. Die genannte Menge reicht für ein Blech.

Saftig frisch für den Sommer

Melone mit Rohschinken

4 Portionen
Arbeitszeit: 10 Min.

1 Cantaloupe-Melone (ca. 900 g) • 180 g Rohschinken (ca. 3 % Fett)

- Melone halbieren, Kerne mit einem Löffel entfernen.

- Melone in ca. 12 Schiffchen schneiden und die Schale entfernen, jeweils mit etwas Rohschinken belegen.

Nährwerte pro Portion:
›Energie: 190 kcal ›Fett: 1,6 g

Ein krosser Snack

Kartoffelchips

4 Portionen
Arbeitszeit: 15 Min. • Garzeit: 20 Min.

800 g Kartoffeln • 1 gehäufter TL Salz • 1 gestrichener TL Zucker • 2 gehäufte TL getrockneter Oregano • 2 gehäufte TL Paprikapulver

- Kartoffeln schälen und in hauchdünne Scheiben hobeln.

- In einer Schüssel Kartoffelscheiben mit Salz, Zucker, Oregano und 1 TL Paprikapulver gut vermischen. Falls die Kartoffeln dabei Wasser ziehen, die Flüssigkeit abgießen.

- Zwei Backbleche mit Backpapier auslegen, die Scheiben nebeneinander verteilen und mit 1 TL Paprikapulver bestreuen. Falls die Kartoffeln noch sehr nass sind, etwas antrocknen lassen.

- Im Backofen bei 150 °C Umluft ca. 18 Min. kross bräunen. Vorsichtig vom Backpapier lösen.

Nährwerte pro Portion:
›Energie: 150 kcal ›Fett: 0,2 g

Schmeckt wie in Südtirol

Schüttelbrot mit Räucherschinken

4 Portionen (ca. 24 Stück)

Arbeitszeit: 10 Min.

120 g Karreeschinkenscheiben (ca. 3 % Fett) • 200 g Schüttelbrot

- Schinkenscheiben in feine Streifchen schneiden.
- Schüttelbrot in Häppchen-Stücke brechen und mit Schinkenstreifen belegen.

Nährwerte pro Portion:

›Energie: 225 kcal ›Fett: 1,9 g

Mit indischen Gewürzen

Gurkenschiffchen mit Raita

4 Portionen

Arbeitszeit: 10 Min.

2 Salatgurken • 600 g Quark (0,2 % Fett) • 2 Knoblauchzehen • ½ TL gemahlener Kreuzkümmel • ½ TL gemahlener Kardamom • Chilipulver nach Belieben • ein paar Stängel Dill • rosa Pfefferbeeren

- Die Gurken der Länge nach halbieren. Die Hälften in je drei ca. 10 cm lange Teile schneiden.
- Den Quark in eine Schüssel geben. Die Knoblauchzehen dazupressen und mit den Gewürzen vermischen.
- Die Raita-Quarkmischung auf den Gurkenschiffchen verteilen. Mit ein paar Dillspitzen und grob gemahlenen rosa Pfefferbeeren dekorieren.

Nährwerte pro Portion:

›Energie: 140 kcal ›Fett: 0,8 g

Tipp: Raita ist auch ein leckerer Dip zu indisch gewürzten Gemüsegerichten.

Einfach und lecker

Bruschetta mit Tomaten und Rucola

4 Portionen

Arbeitszeit: 15 Min.

1 Baguette • 8 mittelgroße Tomaten • 1 Bund Rucola • 1 EL MCT-Öl • 2 EL weißer Essig, z. B. weißer Balsamicoessig • Salz, grob gemahlener Pfeffer • einige Blätter Basilikum

- Das Baguette in ca. 1,5 cm dicke Scheiben schneiden und im Toaster rösten.
- Die Tomaten in kleine Würfel schneiden, in ein Sieb geben und überschüssige Flüssigkeit abtropfen lassen. Den Rucola in Stücke zupfen.
- Tomaten und Rucola in einer Schüssel mit Essig und Öl vermischen und kurz marinieren, dann auf den Baguettescheiben verteilen.
- Die Bruschette mit Salz und Pfeffer bestreuen und mit einigen Basilikumblättern dekorieren. Gleich servieren.

Nährwerte pro Portion:

›Energie: 215 kcal ›Fett: 2,9 g, davon 1,4 g MCT

Je nach Vorlieben variierbar

Mit Hüttenkäse gefüllte Champignons

4 Portionen

Arbeitszeit: 10 Min. • Garzeit: 20 Min.

12 größere Champignons • 2 mittelgroße Tomaten • ½ Bund Petersilie • 1 Knoblauchzehe • 200 g Hüttenkäse (0,4 % Fett) • 2 EL Hefeflocken • Salz (wenn vorhanden, Steinpilzsalz) • Paprikapulver • 6 EL Semmelbrösel, davon 2 EL zum Bestreuen

- Backofen auf 220 °C Ober-/Unterhitze vorheizen.
- Champignons putzen, den Stiel entfernen.
- Für die Füllung Tomaten in kleine Würfel schneiden, dabei Samen und überschüssige Flüssigkeit entfernen. Petersilie grob hacken. Knoblauch pressen. Alle Zutaten gut vermengen.
- Die Füllung in die Champignonköpfe verteilen und etwas festdrücken. Champignons in eine Auflaufform setzen. Mit restlichen Semmelbröseln bestreuen und ca. 20 Min. im Ofen backen, bis die Oberfläche leicht gebräunt ist.

Nährwerte pro Portion:

›Energie: 85 g ›Fett: 0,6 g

Ein Snack – süß oder salzig

Popcorn

4 Portionen

Arbeitszeit: 15 Min.

100 g Popcornmais • 2 gehäufte EL Zucker

- Einen großen beschichteten Topf auf mittlere Hitze erwärmen, 3 EL Wasser und Mais hineingeben, der Boden sollte gleichmäßig mit Mais bedeckt sein. Deckel auflegen (zur Kontrolle ist ein Glasdeckel am besten).

- Den Topf hin und wieder schwenken, sodass der Mais gleichmäßig erhitzt wird. Wenn die Maiskörner anfangen aufzupoppen, die Hitze reduzieren. Wenn nahezu alle Körner aufgepoppt sind, den Zucker in den Topf streuen und verrühren, bis er gleichmäßig karamellisiert.

Nährwerte pro Portion:

›Energie: 145 kcal ›Fett: 0,9 g

Würzig-süß

Balsamico-Senf-Honig-Dressing

4 Portionen

Arbeitszeit: 5 Min.

2 EL dunkler Balsamicoessig • 1 EL MCT-Öl • 2 TL Honig • 1 TL Senf

- Alle Zutaten gründlich miteinander verrühren.

Nährwerte pro Portion:

›Energie: 25 kcal ›Fett: 1,5 g, davon 1,4 g MCT

Tipp: In ein Fläschchen gefüllt, kann man das Dressing ins Restaurant mitnehmen und dort einen Salat ohne Dressing bestellen.

Cremig-zart

Joghurt-Balsamico-Dressing

4 Portionen

Arbeitszeit: 5 Min.

3 EL Joghurt (0,2 % Fett) • 1 EL dunkler Balsamicoessig • 1 TL MCT-Öl • 1 TL Honig oder Apfelmus

- Alle Zutaten zu einem cremigen Dressing verrühren.

Nährwerte pro Portion:

›Energie: 20 kcal ›Fett: 0,8 g, davon 0,7 g MCT

Frisch-sommerlich

Kräuter-Joghurt-Dressing

4 Portionen

Arbeitszeit: 5 Min.

ein kleines Bund gemischte frische Kräuter oder 3 EL tiefgefrorene gemischte gehackte Kräuter • Saft von ½ Zitrone • 4 EL Joghurt (0,2 % Fett) • 1 TL MCT-Öl • etwas Salz • etwas Zucker

- Kräuter fein hacken. Alle Zutaten zu einem cremigen Dressing verrühren.

Nährwerte pro Portion:

›Energie: 15 kcal ›Fett: 0,8 g, davon 0,7 g MCT

Kräftig

Sämiges Kartoffeldressing

4 Portionen

Arbeitszeit: 10 Min.

1 gekochte Kartoffel • 2 EL heller Balsamicoessig • 1 TL MCT-Öl • 2 EL Wasser • 1 TL Instant-Hühnerbrühe • 1 Prise Salz • 1 Prise Zucker

- Die gekochte Kartoffel schälen und in grobe Stücke schneiden.

- Alle Zutaten in ein kleines Gefäß geben und mit dem Stabmixer fein pürieren.

Nährwerte pro Portion:

›Energie: 35 kcal ›Fett: 0,8 g, davon 0,7 g MCT

Tipp: Klassisch zu Feldsalat, passt aber auch zu allen anderen grünen Salaten.

Mit Zitruskick

Zitronen-Orangen-Dressing mit Kräutern

4 Portionen

Arbeitszeit: 5 Min.

½ Bund frische Kräuter • Saft von 1 Zitrone • Saft von 2 Orangen • 1 EL grobkörniger Senf

- Kräuter fein hacken.

- Die anderen Zutaten gründlich miteinander verrühren, Kräuter am Schluss dazugeben.

Nährwerte pro Portion:

›Energie: 25 kcal ›Fett: 0,1 g

Saftig und würzig

Hirtensalat mit Reis

4 Portionen
Arbeitszeit: 30 Min.

200 g Reis • 6 mittelgroße Tomaten • 8 Essiggurken, außerdem 4 EL von dem Sud • 1 große gelbe Paprikaschote • 8 milde Peperoni aus dem Glas, außerdem 2 EL von dem Sud • 1 EL MCT-Öl • 300 g Tomatenpassata • Salz • Paprikapulver • Cayennepfeffer nach Belieben

- Reis nach Packungsangabe bissfest kochen. Abkühlen lassen.
- Tomaten, Essiggurken und Paprika in kleine Stücke schneiden. Peperoni der Länge nach aufschneiden und den Stielansatz mit den Kernen entfernen. Dann zerkleinern.
- Alle Zutaten in eine Schüssel geben und gut vermischen. Etwas ziehen lassen.

Nährwerte pro Portion:
›Energie: 280 kcal ›Fett: 2,3 g, davon 1,4 g MCT

Frisches Frühlingsgericht

Salat aus gebratenem Spargel und Schinken

4 Portionen
Arbeitszeit: 30 Min.

1 kg weißer Spargel • 1 EL MCT-Öl • etwas Zucker • 200 g Kochschinken (ca. 2 % Fett) • ½ Bund Petersilie • 200 g Joghurt (0,2 % Fett) • 2 EL Apfelessig • 1 EL Zitronensaft • Salz, Pfeffer

- Spargel schälen, in Stücke schneiden, Spitzen beiseitelegen.
- Spargel in einer beschichteten Pfanne mit etwas Öl 10 Min. zugedeckt braten. Spitzen dazugeben und offen 10 Min. leicht anbräunen. Der Spargel sollte noch bissfest sein. Am Schluss etwas Zucker darüberstreuen und karamellisieren lassen.
- Schinken klein schneiden und Petersilie hacken.
- Aus den restlichen Zutaten in einer großen Schüssel ein cremiges Dressing anrühren. Schinken und Petersilie dazugeben.
- Spargel nach Belieben lauwarm oder abgekühlt hinzufügen, kurz durchmengen und servieren.

Nährwerte pro Portion:
›Energie: 115 kcal ›Fett: 2,6 g, davon 1,4 g MCT

Wie im Urlaub im Süden am Meer

Oktopussalat

4 Portionen als Vorspeise

Arbeitszeit: 20 Min. • Garzeit: 20 Min. • Kühlzeit: ca. 2 Std.

400 g Oktopus oder Oktopusarme • 5 Stangen Staudensellerie • 5 Karotten • 50 g getrocknete Tomaten (ohne Öl, ca. 2 % Fett) • ½ Bund Petersilie • 1 Knoblauchzehe • Saft von 1 Limette • 1 EL heller Essig • 1 EL MCT-Öl • Salz • Pfeffer

- Oktopus unzerteilt 20 Min. in kochendem Salzwasser garen. Topf vom Herd nehmen, Oktopus im Sud langsam abkühlen lassen.

- Staudensellerie, Karotten und getrocknete Tomaten in kleine Stücke schneiden. Petersilie und Knoblauchzehe fein hacken.

- Oktopus aus dem Sud nehmen, in Stücke schneiden. Dabei gegebenenfalls den Kopf säubern und den harten Schnabel aus der Mitte entfernen.

- Alles vermischen und mit Limettensaft, Essig und Öl marinieren. Salzen und pfeffern.

Nährwerte pro Portion:
›Energie: 145 kcal ›Fett: 2,6 g, davon 1,4 g MCT

Auch gut zum Mitnehmen

Couscoussalat

4 Portionen

Arbeitszeit: 20 Min. • Gar-/Kühlzeit: ca. 30 Min.

1 TL Ras el Hanout • 1 EL Instant-Gemüsebrühe • 300 g Couscous (ca. 2 % Fett) • 2 Tomaten • 2 EL Maiskörner aus der Dose (ca. 1 % Fett) • ½ Salatgurke • 1 gelbe Paprikaschote • ½ Bund Schnittlauch • ½ Bund Minze • 2 EL heller Essig • 2 EL frisch gepresster Zitronensaft • 1 EL MCT-Öl • Salz

- In einem Topf 300 ml Wasser (bzw. wie auf der Couscous-Packung angegeben) zum Kochen bringen. Ras el Hanout und Gemüsebrühe zugeben. Couscous in das heiße Wasser geben, mehrmals umrühren und abkühlen lassen.

- Gemüse klein würfeln, Kräuter fein hacken und alles zum Couscous geben.

- Mit Essig, Zitronensaft und Öl übergießen, gründlich mischen. Etwas durchziehen lassen. Mit Salz abschmecken.

Nährwerte pro Portion:
›Energie: 305 kcal ›Fett: 3,6 g, davon 1,4 g MCT

Tipp: Ein frisches, saftiges Essen, gut zum Mitnehmen für unterwegs. Die Gemüse-Zutaten können bunt variiert werden, je nachdem, was an Vorräten oder auch Resten im Haus ist.

Wunderbare Röstaromen

Antipasti-Grillgemüse

4 Portionen

Arbeitszeit: 1 Std.

- 2 Auberginen
- je 2 rote und gelbe Paprikaschoten
- 3 kleine Zucchini
- 400 g Champignons
- gemahlener Rosmarin
- 4 EL MCT-Öl
- 3 EL Balsamicoessig
- Salz, Pfeffer
- etwas Crema di Balsamico

● Die Auberginen in etwa 3 mm dicke Scheiben schneiden. Von beiden Seiten mit Salz bestreuen, auf einen Teller legen und 30 Min. Wasser ziehen lassen.

● Die Paprika in Streifen schneiden. Den Boden einer großen beschichteten Pfanne mit Wasser bedecken, Paprika darin zugedeckt weich dünsten. Aus der Pfanne nehmen, mit 1 EL Öl, Salz und Pfeffer marinieren.

● Die Zucchini längs in ca. 4 mm dünne Scheiben schneiden, mit 2 EL Öl, Salz und Pfeffer marinieren.

● Auberginen, Paprika und Zucchini auf dem Grill bei niedriger Hitze kurz von beiden Seiten rösten, abkühlen lassen.

● Die Champignons putzen, eventuell halbieren oder vierteln und in der beschichteten Pfanne zunächst mit wenig Wasser zugedeckt 5 Min. dünsten. Deckel abnehmen, die Flüssigkeit verdampfen lassen und mit 1 EL Öl 10 Min. anbraten.

● Das Gemüse auf einer Servierplatte anrichten. Mit Balsamicoessig beträufeln und zum Verzieren einige Streifen Crema di Balsamico darüberziehen.

Nährwerte pro Portion:
›Energie: 140 kcal ›Fett: 6,7 g, davon 5,5 g MCT

Variante: Das Gemüse kann auch im Backofen gebraten werden, dann benötigt man sogar noch weniger Öl. Reste werden mit etwas gehackten Tomaten zu einer leckeren Nudelsauce. Oder man kann sie zu einem Brotaufstrich pürieren.

Schnell zubereitet

Shrimpssalat mit Joghurt

4 Portionen als Vorspeise
Arbeitszeit: 10 Min.

200 g Joghurt (0,2 % Fett) • 2 EL Obstessig (z. B. Apfelessig) • 2 EL frisch gepresster Zitronensaft • 3 EL Dillspitzen • etwas Currypulver • Salz, Pfeffer • etwas Zucker • 400 g Shrimps, gekocht und geschält

- Alle Zutaten außer den Shrimps zu einem cremigen Dressing vermischen.
- Die Shrimps unter fließendem Wasser kalt abspülen. Abtropfen lassen und mit dem Dressing vermischen.

Nährwerte pro Portion:
›Energie: 130 kcal ›Fett: 1,3 g

Mal was Besonderes

Flusskrebssalat

4 Portionen als Vorspeise
Arbeitszeit: 20 Min.

je 1 rote und gelbe Paprikaschote • 3 Stangen Staudensellerie • ½ Bund Petersilie • 1 EL MCT-Öl • 1 TL Zitronensaft • 1 TL heller Essig • 1 Prise Zitronengraspulver • Salz, Pfeffer • Frühlingszwiebel und Knoblauch nach Belieben • 400 g Flusskrebse, gekocht und geschält

- Paprika und Staudensellerie in kleine Würfel schneiden. Petersilie fein hacken. Die weiteren Zutaten als Dressing dazugeben und alles durchmischen. Die Flusskrebse erst zum Schluss dazugeben.

Nährwerte pro Portion:
›Energie: 130 kcal ›Fett: 2,8 g, davon 1,4 MCT

Linsen mal anders

Linsensalat mit Fruchtkick

4 Portionen

Arbeitszeit: 40 Min.

400 g Tellerlinsen (ca. 1,5 % Fett) • Saft von 1 Zitrone und 2 Orangen • 1 EL grobkörniger Senf • 1 rote Zwiebel • ca. 10 getrocknete Tomaten (ohne Öl, ca. 2 % Fett) • ½ Bund Petersilie • 4 Stangen Staudensellerie • 2 Karotten • 2 Äpfel • Salz, Pfeffer

- Linsen in einem Sieb unter fließendem Wasser spülen. Mit 600 ml Wasser in ca. 30 Min. bissfest kochen (siehe Packungsangabe).

- In der Zwischenzeit Zitronen- und Orangensaft mit Senf zu einer cremigen Vinaigrette verquirlen.

- Zwiebel würfeln. Tomaten klein schneiden. Petersilie fein hacken. Staudensellerie und Karotten in feine Scheiben, die Äpfel in kleine Schnitze schneiden oder hobeln. Alles gleich mit der Vinaigrette mischen, damit die Äpfel nicht braun anlaufen.

- Fertig gegarte Linsen kalt spülen und alle Zutaten zu einem Salat mischen.

- Mit Salz und Pfeffer abschmecken.

Nährwerte pro Portion:

›Energie: 380 kcal ›Fett: 2,1 g

Sättigendes Basisrezept

Kartoffelsalat

4 Portionen als Beilage

Arbeitszeit: 20 Min. • Garzeit: ca. 30 Min.

800 g Kartoffeln • 1 Salatgurke • 4 EL heller Essig • 1 EL MCT-Öl • 2 gestrichene EL Instant-Gemüsebrühe • 2 gestrichene EL (süßer) Senf • Salz, grober Pfeffer

- Kartoffeln waschen und kochen. Anschließend mit kaltem Wasser abschrecken, noch warm schälen und in Scheiben schneiden.

- In einem kleinen Topf 100 ml Wasser mit Essig, Öl, Gemüsebrühe und Senf erwärmen.

- Kartoffelscheiben mit dem warmen Dressing vermischen. Eventuell noch etwas warmes Wasser hinzufügen.

- Salatgurke der Länge nach fein hobeln, dazugeben und mit Salz und Pfeffer abschmecken.

Nährwerte pro Portion:

›Energie: 150 kcal ›Fett: 2 g, davon 1,4 g MCT

Variante: Der Kartoffelsalat schmeckt auch sehr gut mit Endiviensalat gemischt. Oder wie wäre es mit Zwiebeln oder mit Rucola und getrockneten Tomaten?

Passt zu jeder Grillparty

Essigknödel

4 Portionen

Arbeitszeit: 30 Min. • Garzeit: ca. 30 Min.

5 altbackene Semmeln (ca. 250 g) • 250 ml warme Milch (0,1 % Fett) • 2 Eiweiß • 50 g Schinkenwürfel (ca. 2 % Fett) • ½ Bund Petersilie, gehackt • Salz, Pfeffer • 1 Msp. Kurkumapulver (für die Farbe) • 2 EL MCT-Öl • 5 EL Obstessig (z. B. Apfelessig) • 1 TL Senf • 2 rote Zwiebeln, in Ringe geschnitten

- Semmeln in dünne Scheiben schneiden, Milch darübergießen und 10 Min. ziehen lassen.
- Dann mit Eiweiß, Schinken, Petersilie, Salz, Pfeffer und Kurkuma verkneten. Zu Knödeln drehen. In kochendem Wasser 20–25 Min. bei geringer Hitze köcheln lassen.
- Essig, Öl, Senf, Salz und Pfeffer verquirlen.
- Die abgekühlten Knödel vierteln und in Scheiben schneiden, mit den Zwiebeln und dem Dressing vermischen. Da die Knödel viel Flüssigkeit aufnehmen, eventuell etwas Wasser zugeben, damit alles schön saftig ist.

Nährwerte pro Portion:

›Energie: 280 kcal ›Fett: 4,5 g, davon 2,8 g MCT

Einfach gemacht

Asiatischer Nudelsalat

4 Portionen

Arbeitszeit: 30 Min. • Quellzeit: 1 Std.

25 g getrocknete Mu-Err-Pilze • Saft von 2 Orangen • 6 EL Sojasauce • 2 EL süßsaure Sauce • 1 EL MCT-Öl • 2 Frühlingszwiebeln • 3 Karotten (ca. 300 g) • 1 Stck. Ingwer, ca. 2 cm • 400 g Udon-Nudeln oder Glasnudeln (ca. 0,5 % Fett) • Salz • gemahlener Kardamom • Zitronengraspulver • Cayennepfeffer

- Pilze mind. 1 Std. in kaltem Wasser einweichen, unter fließendem Wasser spülen. 15 Min. kochen, in kaltem Wasser abkühlen und in Streifen schneiden.
- Für das Dressing Orangensaft mit den Saucen und dem Öl verrühren.
- Frühlingszwiebeln in Ringe schneiden und Karotten grob raspeln. Ingwer grob hacken.
- Nudeln kochen, kalt abschrecken.
- Alle Zutaten mit dem Dressing vermengen und mit den Gewürzen abschmecken.

Nährwerte pro Portion:

›Energie: 245 kcal ›Fett: 2,3 g, davon 1,4 g MCT

Mit Spargel oder anderem Gemüse

Cremige Spargelsuppe

4 Portionen

Arbeitszeit: 30 Min.

600 g weißer Spargel • 1 EL MCT-Öl • Salz, Pfeffer • 1 gehäufter TL Zucker • 100 ml Weißwein • 25 g MCT-Margarine • 50 g Weizenmehl (ca. 1 % Fett) • ca. 300 ml Milch (0,1 % Fett)

- Spargel in Stücke schneiden. Spitzen in ca. 500 ml Wasser ca. 5 Min. weich köcheln, abgießen und den Sud auffangen. Die Spitzen warm halten.

- Den restlichen Spargel in einem Topf mit etwas Öl oder Wasser ca. 20 Min. vorsichtig anbräunen.

- Aus Margarine und Mehl eine Mehlschwitze zubereiten, abwechselnd Milch und Mehl zugeben und zu einer cremigen Sauce einkochen.

- Salz, Pfeffer und Zucker zum angebratenen Spargel geben, karamellisieren lassen. Mit Wein ablöschen. Spargelsud und Sauce nach und nach zugeben, aufkochen und pürieren.

- Spargelspitzen auf Teller verteilen und die Suppe darübergeben.

Nährwerte pro Portion:

›Energie: 180 kcal ›Fett: 6,5 g, davon 1,4 g MCT

Abrundung durch süßen Apfel

Karotten-Ingwer-Curry-Cremesuppe

4 Portionen

Arbeitszeit: 30 Min. • Garzeit: ca. 20 Min.

1 Zwiebel • 400 g Karotten • 400 g Kartoffeln • 1 Apfel • 1 Stck. Ingwer, ca. 3 cm • 2–3 TL Currypulver • 200 g Frischkäse (0,2 % Fett) • 2 EL Instant-Gemüsebrühe • Salz • etwas Koriandergrün oder Petersilie

- Zwiebel grob zerkleinern, in einem großen Topf bei mittlerer Hitze langsam anbräunen. Ggf. etwas Wasser zugeben.

- Karotten zerkleinern, Kartoffeln schälen und würfeln, beides mit anbraten. Apfel schälen und in Stücke schneiden, Ingwer klein würfeln, beides hinzufügen und kurz weiter braten.

- Mit ca. 1,2 l Wasser bedecken und 20 Min. weich köcheln lassen.

- Frischkäse und Gemüsebrühe hinzufügen. Alles pürieren, ggf. noch etwas Wasser hinzufügen. Mit Salz abschmecken und mit Koriandergrün oder Petersilie garnieren.

Nährwerte pro Portion:

›Energie: 150 kcal ›Fett: 1,7 g

Tipp: Ein Rest kann auch prima als Saucenbasis für indisches Gemüse verwendet werden.

Dunkle Brühe mit Röstaromen

Linsen-Gemüseeintopf mit Hähnchen

4 Portionen

Arbeitszeit: 40 Min. • Garzeit: 1 ½ Std.

- 2 Zwiebeln
- 2 Bund Suppengemüse
- 1 Stck. Ingwer, ca. 2 cm
- 1 TL MCT-Öl
- 300 g Hähnchenbrustfilet
- 200 g rote Linsen
- 4 EL Instant-Gemüsebrühe
- Salz, etwas Pfeffer

● Zwiebeln und 1 Bund Suppengemüse in grobe Stücke schneiden. Ingwer schälen, in einem Stück lassen. In einem Topf mit etwas Öl zuerst die Zwiebeln, dann das Suppengemüse und den Ingwer langsam und gründlich anrösten und bräunen. Dabei leicht salzen. 2 l Wasser angießen und 1 Std. auf niedriger Stufe köcheln lassen.

● In der Zwischenzeit für die Einlage das restliche Suppengemüse vorbereiten: Karotten und Sellerie schälen, in Stücke und Lauch in Ringe schneiden. Petersilie grob hacken und beiseitelegen.

● Hähnchenbrustfilet waschen.

● Das ausgekochte Gemüse aus dem Topf nehmen und entsorgen.

● Restliche Zutaten nacheinander in die kochende Brühe geben, dabei für die Linsen die Garzeit gemäß Packungsangabe übernehmen, für die Karotten- und Selleriestücke und für das unzerteilte Fleisch ca. 15 Min. einplanen. Den Lauch in den letzten 5 Min. mitgaren.

● Mit Brühe, Salz und Pfeffer würzen. Hähnchenbrust aus der Suppe nehmen und in mundgerechte Stücke zupfen.

● Alles auf die Teller verteilen und mit Petersilie garnieren.

Nährwerte pro Portion:

›Energie: 330 kcal ›Fett: 3,1 g, davon 1,4 g MCT

Tipp: Beim Anrösten wird dem Gemüse durch das Salz die Feuchtigkeit entzogen, so bilden sich feine Röstaromen. Je intensiver es angeröstet wird, umso würziger und dunkler wird die Brühe.

Ein Hauch von Kokos

Thailändische Tom Kha Kung

4 Portionen

Arbeitszeit: 30 Min. • Garzeit: 1 Std.

1 Bund Suppengemüse • 1 Zwiebel • 2 Stangen Zitronengras • 1 EL MCT-Öl • Salz, etwas Zucker • 2 Karotten • 3 Stangen Staudensellerie • 1 Stck. Ingwer, ca. 1 cm • 200 g Champignons • 1 Frühlingszwiebel • 2 EL Austern- oder Fischsauce • 1 Spritzer Limettensaft • 300 g Scampi • 400 ml Kokosdrink (0,9 % Fett) • ½ Bund Koriandergrün, gehackt

- Suppengemüse, Zwiebel und Zitronengras grob zerkleinern. In einem Topf mit etwas Öl bräunen, salzen. Zucker zugeben und karamellisieren. 1 l Wasser aufgießen. Ca. 1 Std. köcheln.

- Karotten, Sellerie, Ingwer, Champignons und Frühlingszwiebel klein schneiden.

- Gekochtes Suppengemüse entfernen. Karotten, Sellerie und Ingwer in die Brühe geben. 10 Min. kochen. Mit Salz, Zucker, Austernsauce, Limettensaft würzen. Champignons, Frühlingszwiebel und Scampi dazugeben und weitere 5 Min. köcheln lassen. Kokosdrink und Koriander zugeben, erwärmen.

Nährwerte pro Portion:

›Energie: 145 kcal ›Fett: 4,5 g, davon 1,4 g MCT

Einfach gemacht und lecker

Erbsensuppe

4 Portionen

Arbeitszeit: 40 Min.

1 Zwiebel • 300 g Kartoffeln • 600 g Tiefkühl-Erbsen • 3 EL Instant-Gemüsebrühe • 1 TL geriebener Meerrettich • 150 g Kräuterfrischkäse (0,2 % Fett) • Salz, Pfeffer • Bohnenkraut und Majoran (frisch oder getrocknet)

- Zwiebel klein schneiden, in einem beschichteten Topf vorsichtig anrösten, eventuell ein wenig Wasser zugeben.

- Kartoffeln schälen, würfeln, zu den Zwiebeln geben und etwas anbraten.

- Etwa 1 l Wasser aufgießen, ungefähr 400 g von den Erbsen dazugeben und ca. 15 Min. köcheln, bis sie weich sind. Mit Gemüsebrühe und Meerrettich würzen.

- Frischkäse zugeben und mit einem Stabmixer fein pürieren, eventuell noch Wasser zugeben. Restliche Erbsen ein paar Min. in der Suppe gar ziehen lassen. Mit Salz, Pfeffer und Kräutern abschmecken.

Nährwerte pro Portion:

›Energie 220 kcal ›Fett: 1,3 g

Leckere Mischung

Süßkartoffel-Kürbis-Karotten-Suppe

4 Portionen

Arbeitszeit: 25 Min. • Garzeit: ca. 30 Min.

2 Süßkartoffeln • 3 Karotten • 1 mittelgroßer Hokkaido-Kürbis (ca. 800 g) • 1 Stck. Ingwer, ca. 2 cm • 3 TL Currypulver • 3 TL Kurkumapulver • 2 EL Instant-Gemüsebrühe • Salz

- Süßkartoffeln schälen und in grobe Stücke schneiden, Karotten zerkleinern. Kürbis halbieren, Kerne entfernen und die Kürbishälften ungeschält ebenfalls in Stücke schneiden. Ingwer klein würfeln.
- Alles in einen Topf geben, mit Wasser bedecken. Die Gewürze dazugeben und das Gemüse ca. 30 Min. weich kochen.
- Mit einem Stabmixer fein pürieren. Gegebenenfalls noch etwas Wasser hinzufügen, bis die gewünschte Konsistenz erreicht ist.

Nährwerte pro Portion:
›Energie: 140 kcal ›Fett: 1,1 g

Tipp: Wer möchte, kann 100 g weich gekochte Kürbisstücke für den Curry-Mango-Kürbis-Frischkäse (bei den Brotaufstrichen Seite 61) einplanen.

Feine Aromen – sämige Suppe

Maronencremesuppe

4 Portionen

Arbeitszeit: 45 Min. • Garzeit: 30 Min.

1 mittelgroße Zwiebel • 3 Karotten (ca. 250 g) • ca. 100 g Knollensellerie • Salz • 400 g Maronen, vorgekocht und geschält (ca. 1,5 % Fett) • 1 Apfel • 100 g Frischkäse (0,2 % Fett) • ca. 100 ml Milch (0,1 % Fett) • 4 EL Cognac • 4 TL Preiselbeeren aus dem Glas

- Zwiebel grob zerkleinern. Bei mittlerer Hitze in einem großen Topf anbräunen. Ab und zu etwas Wasser zugeben, damit sie nicht anbrennt.
- Karotten und Sellerie zerkleinern und dazugeben, ca. 15 Min. vorsichtig rösten.
- Dann etwa 1,2 l Wasser aufgießen.
- Maronen grob zerkleinern. Apfel schälen und klein schneiden. Beides ca. 30 Min. mit dem Gemüse köcheln lassen.
- Frischkäse einrühren und alles pürieren, ggf. etwas Milch dazugeben. Mit Cognac und Salz abschmecken.
- Auf Teller verteilen und mit kleinen Klecksen Preiselbeeren garnieren.

Nährwerte pro Portion:
›Energie: 270 kcal ›Fett: 2,3 g

HAUPTGERICHTE

Trotz fettarmer Zutaten bieten die folgenden Rezepte kleine Besonderheiten, zum Beispiel cremige Saucen oder außergewöhnliche Kombinationen, die mit Gewürzen und Kräutern verfeinert wurden.

Dabei können Sie einzelne Kniffe auch auf andere Gerichte mit Ihren Lieblingszutaten adaptieren.

Klassische, sonst eher deftige Speisen mit Fleisch beziehungsweise Beilagen wie Spätzle oder Knödel sind so abgewandelt, dass sie mit fettarmen Zutaten gelingen und gut schmecken.

Hier finden Sie etwas für besondere Gelegenheiten, aber auch Ideen für die ganz schnelle Zubereitung leckerer Sattmacher im Alltag.

Kombinieren Sie Reste ein zweites Mal mit anderen Beilagen oder genießen Sie sie kalt als Salat oder püriert als Brotaufstrich.

Hier entdecken Sie bestimmt neue Lieblingsgerichte!

Schnell und einfach gemacht

Kartoffel-Pilz-Gemüse-eintopf

4 Portionen

Arbeitszeit: 30 Min. • Garzeit: 20 Min.

1 Zwiebel • 1 EL MCT-Öl • 300 g Karotten • 500 g Kartoffeln • 500 ml Gemüsebrühe • 400 g gemischte Pilze • 1 Stange Lauch • etwas Petersilie, gehackt • Salz, grober Pfeffer

- Zwiebeln würfeln. In einem großen Topf mit dem Öl bei mittlerer Hitze langsam bräunen.
- Karotten in dicke Scheiben schneiden. Zu den Zwiebeln geben und ca. 5 Min. mitbraten.
- Kartoffeln schälen und achteln.
- Gemüsebrühe in den Topf gießen, Kartoffeln dazugeben und ca. 20 Min. köcheln, bis sie bissfest sind.
- Pilze halbieren oder vierteln, ca. 10 Min. mitgaren.
- Lauch in Ringe schneiden und in den letzten Min. mitkochen.
- Mit Salz und Pfeffer abschmecken und mit Petersilie anrichten.

Nährwerte pro Portion:

›Energie: 160 kcal ›Fett: 2,1 g, davon 1,4 g MCT

Französischer Tian mit Weißwein

Kartoffel-Fenchel-Gemüse aus dem Ofen

4 Portionen

Arbeitszeit: 30 Min. • Garzeit: 1 Std.

800 g Kartoffeln • 3 rote Zwiebeln • 3 Fenchelknollen • je einige Zweige Thymian und Rosmarin • 400 ml Weißwein • Salz, grober Pfeffer aus der Mühle

- Kartoffeln und Zwiebeln schälen und in etwa 2–3 mm dünne Scheiben schneiden. Fenchel in dünne Scheiben schneiden. Dabei den Strunk nicht ganz entfernen, sodass sie nicht auseinanderfallen.
- Ofen auf 180 °C Ober-/Unterhitze vorheizen.
- Kräuter von den Zweigen streifen, Rosmarin fein hacken.
- Kräuter in einer großen Auflaufform verstreuen. Gemüse abwechselnd leicht überlappend hineinschichten. Salzen, Weißwein darübergießen und mit Pfeffer bestreuen.
- Die Form mit einem Deckel oder Alufolie abdecken und in den Ofen stellen.
- Nach 30 Min. den Deckel abnehmen und weitere 30 Min. backen.

Nährwerte pro Portion:

›Energie: 265 kcal ›Fett: 0,8 g

Fix zubereitet und sättigend

Gnocchi mit Aurorasauce

4 Portionen

Arbeitszeit: 20 Min.

1 kg Gnocchi (0,2 % Fett) • 500 g Tomaten • ein paar Blätter Basilikum • 2 EL Tomatenmark • 400 g Frischkäse (0,2 % Fett) • Salz

- Gnocchi in einer beschichteten Pfanne anbraten.
- Tomaten in kleine Stücke, Basilikumblätter in Streifen schneiden.
- Gnocchi aus der Pfanne nehmen, warm stellen.
- In der Pfanne Frischkäse und Tomatenmark mit etwas Wasser verrühren und zu einer cremigen Sauce einköcheln. Etwas salzen. Tomaten darin erwärmen. Gnocchi kurz in der Frischkäsesauce schwenken, sofort auf Tellern anrichten und mit Basilikum garnieren.

Nährwerte pro Portion:
›Energie: 465 kcal ›Fett: 1,5 g

Cremige Kräuterexplosion

Nudeln & Basilikum-Maronen-Pesto

4 Portionen

Arbeitszeit: 15 Min.

200 g Maronen, vorgekocht und geschält (ca. 1,5 % Fett) • 2 Bund Basilikum (ca. 30 g) • 200 g Frischkäse (0,2 % Fett) • 1 EL MCT-Öl • 1 EL Instant-Gemüsebrühe • Salz, Pfeffer • 500 g Spaghetti (ca. 1,5 % Fett)

- Nudelwasser zum Kochen bringen.
- Währenddessen Maronen und Basilikum klein hacken.
- Frischkäse, Öl, Brühe und Basilikum mit dem Stabmixer pürieren. Dabei die Maronen nach und nach dazugeben. Mit Salz und Pfeffer würzen.
- Die Spaghetti nach Packungsangabe kochen, anschließend mit dem Pesto vermengen und gleich servieren.

Nährwerte pro Portion:
›Energie: 575 kcal ›Fett: 4,9 g, davon 1,4 g MCT

Tipp: Das Pesto schmeckt auch prima mit Gnocchi, als Dip für Gemüsesticks oder als Brotaufstrich!

In der Suppe oder zum Füllen

Herzhafte Pfannkuchen mit Kräutern

Ca. 10 Pfannkuchen

Arbeitszeit: 1 Std.

1 TL Speisenatron, mit 1 Spritzer hellem Essig vermischt • 400 ml Buttermilch (ca. 0,5 % Fett) • 2 EL MCT-Öl • 200 g Roggenmehl (ca. 1 % Fett), alternativ Weizenmehl (ca. 1 % Fett) • 1 TL Weinsteinbackpulver • 1 Prise Salz • etwas Kurkumapulver • 2 Eiweiß • 4 EL gemischte gehackte Kräuter (frisch oder tiefgekühlt) • ca. 200 ml Mineralwasser mit Kohlensäure

- Natron mit Buttermilch und Öl verquirlen. Mehl, Backpulver, Salz und Kurkuma nach und nach unterrühren.
- Eiweiß steif schlagen, mit Kräutern unterheben und vorsichtig mit Mineralwasser zu einem flüssigen Teig rühren.
- Pfannkuchen in einer beschichteten Pfanne bei mittlerer Hitze von beiden Seiten backen.

Nährwerte pro Stück:
›Energie: 95 kcal ›Fett: 1,9 g, davon 1,2 g MCT

Variante: Sie sind lecker mit Gemüsefüllung oder als Suppeneinlage in einer dunklen Brühe, wie im »Linsen-Gemüseeintopf mit Hähnchen (Seite 88)« erklärt.

Frisch mit Quarkdip

Zucchini-Kartoffel-Puffer

4 Portionen

Arbeitszeit: 35 Min.

700 g Zucchini • ½ Bund Petersilie • 750 g küchenfertiger Kartoffelpufferteig aus dem Kühlregal • 200 g Quark (0,2 % Fett) • 60 g Speisestärke • Salz, Pfeffer

Für den Quarkdip:
500 g Quark (0,2 % Fett) • 1 Schuss Milch (0,1 % Fett) • ½ Bund Petersilie • Salz, Pfeffer • 1 Prise Zucker

- Zucchini grob raspeln. Petersilie hacken, die Hälfte für den Quark beiseitelegen. Den Rest mit den anderen Zutaten für die Puffer in einer Schüssel vermengen.
- Eine beschichtete Pfanne bei mittlerer Hitze erwärmen. Den Teig zu gleichmäßigen, dünnen Puffern formen, in die Pfanne legen, flach drücken.
- Bei niedriger Hitze von beiden Seiten je ca. 10 Min. braten.
- Quark mit Milch cremig rühren. Restliche Petersilie dazugeben und mit Salz, Pfeffer und Zucker abschmecken.

Nährwerte pro Portion:
›Energie: 320 kcal ›Fett: 1,2 g

Mit indischem Touch

Linsen-Dal

4 Portionen

Arbeitszeit: 20 Min.

350 g rote Linsen • 2 Zwiebeln • 2 Knoblauchzehen • 1 Stck. Ingwer, ca. 3 cm • 1 ½ TL gemahlener Kreuzkümmel • 1 ½ TL Currypulver • 600 g stückige Tomaten aus der Dose • ca. 300 ml Milch (0,1 % Fett) • Salz, Pfeffer • 1 Bund Koriandergrün (oder Petersilie), gehackt

- Linsen spülen und mit dreifacher Wassermenge ca. 15 Min. kochen (siehe Packungsangabe). Abgießen, dabei eine Tasse Kochwasser auffangen.
- Zwiebeln, Knoblauch und Ingwer klein würfeln.
- In einem beschichteten Topf zuerst die Zwiebeln mit wenig Wasser glasig anbraten, Knoblauch, Kreuzkümmel und Curry mit anrösten. Tomaten, Ingwer und Linsen hinzufügen, nur noch kurz erwärmen. Etwas Kochwasser der Linsen und Milch dazugeben. Mit Salz und Pfeffer abschmecken und mit Koriander bestreuen.

Nährwerte pro Portion:

›Energie: 340 kcal ›Fett: 1,7 g

Einfach und flexibel

Schnelles Asia-Gemüse

4 Portionen

Arbeitszeit: 20 Min.

je 1 rote und gelbe Paprikaschote • 2 Karotten • 750 g gemischtes Asia-Gemüse, tiefgekühlt (ca. 0,5 % Fett) • 300 g Reis (z. B. Basmati oder Jasmin, ca. 1 % Fett) • Salz, ½ TL Currypulver • beliebige Asiasauce (mit ca. 0,2 % Fett), etwa Soja- oder Austernsauce • Fünf-Gewürze-Pulver oder Currypulver

- Paprika und Karotten in Stücke schneiden.
- Tiefgekühltes und frisches Gemüse zusammen in einen beschichteten Topf geben und bei mittlerer Hitze ca. 10 Min. garen. Eventuell etwas Wasser dazugeben.
- Reis gar kochen, dabei Salz und Curry ins Kochwasser geben.
- Das Gemüse mit Asia-Sauce würzen, mit Salz und Fünf-Gewürze-Pulver oder Curry abschmecken.

Nährwerte pro Portion:

›Energie: 345 kcal ›Fett: 1,5 g

Cremige Sauce

Indisches Curry mit Blumenkohl

4 Portionen

Arbeitszeit: 40 Min. • Garzeit: 30 Min.

- 500 g Blumenkohl
- 300 g Karotten
- 2 Zwiebeln
- 500 g Kartoffeln
- 2 EL Tomatenmark
- 1 Stck. Ingwer, ca. 2 cm
- 2 Knoblauchzehen
- 3 TL Garam Masala (indische Gewürzmischung)
- je 1 TL gemahlener Koriander und Kreuzkümmel
- 400 g Joghurt (0,2 % Fett)
- Salz
- 300 g Reis (z. B. Basmati oder Jasmin, ca. 1 % Fett)
- 5 Kardamomkapseln
- 1 Gewürznelke
- ½ TL Kurkumapulver

● Den Blumenkohl in Röschen teilen, ungefähr ⅓ der Karotten klein schneiden, beiseitestellen.

● Für die Sauce Zwiebeln in grobe Stücke schneiden. In einem großen Topf mit etwas Wasser glasig dünsten.

● Die Kartoffeln und die restlichen 200 g der Karotten schälen und in kleine Stücke schneiden. Zusammen mit dem Tomatenmark zu den Zwiebeln geben und anbraten.

● Den Ingwer würfeln. Die Knoblauchzehen durchpressen, beides mit Garam Masala, Koriander und Kreuzkümmel zum Gemüse geben. Ca. 300 ml Wasser hinzufügen und etwa 30 Min. weich kochen.

● Joghurt dazugeben und mit einem Stabmixer zu einer cremigen Sauce pürieren.

● Die beiseitegelegten Blumenkohlröschen und Karottenstücke in die Sauce geben, etwa 15 Min. bei geringer Hitze garen.

● Reis mit den Gewürzen gar kochen. Dazu die Kardamomkapseln andrücken, sodass sie leicht aufplatzen. Diese und die Gewürznelke anschließend entfernen.

● Das Gemüse mit dem Reis servieren.

Nährwerte pro Portion:
›Energie: 385 kcal ›Fett: 1,3 g

Variante: Anstelle von Blumenkohl kann auch anderes Gemüse verwendet werden. Die cremige Sauce schmeckt ebenfalls zu gebratener oder gegrillter Hühnerbrust sehr gut.

Rezept für die Pilzsaison

Nudeln mit Pfifferlingen

4 Portionen

Arbeitszeit: 30 Min.

1 große Zwiebel • 1 TL MCT-Öl • 500 g Pfifferlinge • 500 g Nudeln (ca. 1,5 % Fett) • 4 Tomaten • etwas Petersilie, gehackt • Salz, Pfeffer

- Zwiebeln würfeln und in einer beschichteten Pfanne mit Öl glasig dünsten, eventuell wenig Wasser dazugeben. Pfifferlinge putzen und dazugeben, gut durchbraten.
- Nudeln al dente kochen.
- Tomaten in kleine Stücke schneiden.
- Nudeln mit den Tomaten kurz in der Pfanne mit den Pfifferlingen schwenken.
- Auf Tellern anrichten und mit Petersilie garnieren.

Nährwerte pro Portion:
›Energie: 485 kcal ›Fett: 4,6 g, davon 1,4 g MCT

Schnelles Gericht

Ungarisches Letscho vegetarisch

4 Portionen

Arbeitszeit: 30 Min.

5 Zwiebeln • 1 EL Paprikapulver • 1 EL Zucker • 2 rote Paprikaschoten • 3 gelbe Paprikaschoten • 800 g stückige Tomaten aus der Dose • 2 EL Tomatenmark • 250 g Reis (z. B. Parboiled, ca. 1 % Fett) • Salz, Pfeffer • Cayennepfeffer, nach Belieben

- Vier Zwiebeln achteln. Mit wenig Wasser in einer beschichteten Pfanne glasig dünsten. Paprikapulver und Zucker dazugeben.
- Paprika in Streifen schneiden. Kurz mit anbraten, dann Tomaten und Tomatenmark hinzufügen und 10–15 Min. köcheln lassen.
- Reis kochen. Eine Zwiebel halbieren, als Würze ins Kochwasser geben.
- Das Letscho mit Salz, Pfeffer und eventuell Cayennepfeffer abschmecken und mit Reis anrichten.

Nährwerte mit Reis pro Portion:
›Energie: 370 kcal ›Fett: 2 g

Tipp: Reste können zu einem »Hirtensalat mit Reis« (Seite 77) abgewandelt werden.

Mit Tomaten und Frischkäse

Cremige Zucchinipfanne

Für 4 Portionen

Arbeitszeit: 10 Min. • Garzeit: 20 Min.

2 Zwiebeln • 2 Knoblauchzehen • 800 g Zucchini • 500 g stückige Tomaten aus der Dose • 250 g Frischkäse (0,2 % Fett) • 1 EL Paprikapulver • Salz • Cayennepfeffer, nach Belieben • Baguette, zum Servieren

- Zwiebeln würfeln, Knoblauch durchpressen und beides in einer beschichteten Pfanne mit wenig Wasser glasig dünsten.
- Zucchini in Stücke schneiden und zu den Zwiebeln geben.
- Tomaten hinzufügen und 200 ml Wasser aufgießen, bei niedriger Hitze ca. 15 Min. köcheln.
- Kurz vor Ende der Garzeit den Frischkäse unterrühren. Mit Salz, Paprikapulver und Cayennepfeffer würzen. Mit Baguette servieren.

Nährwerte pro Portion (ohne Baguette):

›Energie: 110 kcal ›Fett: 1,3 g

Füllung einfach variierbar

Gefüllte Paprikaschoten

4 Portionen

Arbeitszeit: 30 Min. • Garzeit: 1 Std.

4 große rote Paprikaschoten • 1 Zwiebel • ½ Bund Petersilie • einige Zweige Dill • 1 Knoblauchzehe • 8 gehäufte EL roher Reis (ca. 1 % Fett) • oder 200 g körniger Frischkäse (ca. 0,5 % Fett) • 4 EL Maiskörner aus der Dose (ca. 1 % Fett) • 1 TL Paprikapulver • Salz, Pfeffer • 400 g stückige Tomaten aus der Dose • 2 EL Tomatenmark • 1 EL Hefeflocken • 100 ml Rotwein • Steinpilzsalz

- Backofen auf 200 °C Ober-/Unterhitze vorheizen.
- Von den Paprika einen Deckel abschneiden, innere Trennhäute und Kerne entfernen.
- Zwiebel würfeln, Kräuter hacken. Knoblauch pressen. Mit Reis, Frischkäse, Mais, 4 EL Dosentomaten vermischen, würzen und Paprika damit füllen.
- In einer Auflaufform restliche Zutaten vermischen, Paprika hineinsetzen und mit Alufolie abdecken.
- 30 Min. backen, Folie abnehmen und noch ca. 40 Min. weiterbacken.

Nährwerte pro Portion:

›Energie: 190 kcal ›Fett: 1,7 g

Basisrezept für Gemüsevarianten

Spargelrisotto

4 Portionen

Arbeitszeit: 40 Min.

600 g weißer Spargel • 3 EL Instant-Hühnerbrühe (ca. 0,5 % Fett) • 300 g Risotto-Reis (ca. 1 % Fett) • 1 EL MCT-Öl • 150 ml Weißwein • Salz, Pfeffer • 1 Bund Petersilie, grob gehackt

- Spargel schälen, in Stücke schneiden. Spitzen beiseitelegen.

- In einem Topf 700 ml Wasser zum Kochen bringen und Spargelstücke 5 Min. darin garen. Spitzen dazugeben und weitere 5 Min. garen. Stücke herausnehmen und Brühe in das Kochwasser rühren.

- Reis in einem beschichteten Topf mit Öl glasig dünsten. Dann nach und nach Brühe und Weißwein zugeben und köcheln lassen.

- Risotto mit Salz und Pfeffer würzen. Kurz vor Ende der Garzeit Spargelstücke, Spitzen und Petersilie zugeben, erwärmen.

Nährwerte pro Portion:
›Energie: 375 kcal ›Fett: 2,6 g, davon 1,4 g MCT

Variante: Risotto mit Pilzen oder Kürbis oder mit Äpfeln und Fenchel schmeckt auch gut!

Mit würziger Béchamelsauce

Gemüsegratin mit Hefeschmelz

4 Portionen

Arbeitszeit: 30 Min. • Garzeit: 1 Std.

400 g Kartoffeln • 200 g Karotten • 200 g grüne Bohnen • 200 g Champignons • 10 g MCT-Margarine • 4 EL Weizenmehl (ca. 1 % Fett) • 500 ml Milch (0,1 % Fett) • 4 EL Hefeflocken (aus dem Reformhaus) • 1 TL Senf • 1 TL Tomatenmark • 1 TL Steinpilzpulver • 1 TL Tomatengewürzsalz • Pfeffer

- Kartoffeln und Karotten hobeln. Bohnen halbieren. Champignons in Scheiben schneiden.

- Aus Margarine, Mehl und Milch eine Mehlschwitze zubereiten, Hefeflocken zugeben, glatt rühren, aufkochen lassen. Senf, Tomatenmark und Gewürze hinzufügen.

- Ofen auf 200 °C Ober-/Unterhitze vorheizen.

- Den Boden einer Auflaufform mit etwas Milch bedecken. Das Gemüse hineinschichten, zuletzt mit Kartoffelscheiben bedecken. Die Sauce darübergießen.

- Ca. 1 Std. backen. Evtl. abdecken.

Nährwerte pro Portion:
›Energie: 175 kcal ›Fett: 3,3 g, davon 1,7 g MCT

Mit Orangensauce

Gebratener Spargel mit Ballonkartoffeln

4 Portionen

Arbeitszeit: 1 Std.

- 800 g Kartoffeln
- Salz
- 3 Orangen
- 1 kg grüner Spargel
- 2 TL MCT-Öl
- 2 TL Zucker
- Frische Thymianblättchen
- Pfeffer

- Backofen auf 180 °C Ober-/Unterhitze vorheizen.

- Kartoffeln waschen und längs halbieren. Nebeneinander auf ein Backblech legen, die frischen Schnittflächen dünn mit Salz bestreuen.

- Ca. 45 Min. backen, bis sie sich wölben und braun sind.

- Orangen filetieren und in Stücke schneiden. Aus den verbliebenen Trennhäuten der Orangen den Saft ausdrücken, in einem Schälchen auffangen.

- Spargelstangen mit 1 TL Öl und Salz in eine große beschichtete Pfanne geben. Zunächst für ca. 10 Min. zugedeckt garen. Dann weitere 10–15 Min. offen leicht anbräunen. Kurz vor Ende der Garzeit 1 TL Zucker darüberstreuen, wenden und karamellisieren lassen.

- Für die Orangensauce je 1 TL Öl und Zucker in einem kleinen, beschichteten Topf vorsichtig erhitzen und karamellisieren lassen. Mit Orangensaft ablöschen. Orangenstücke kurz darin erwärmen. Mit etwas Salz, Pfeffer und Thymian würzen.

- Kartoffeln mit Spargel anrichten und mit Sauce beträufeln.

Nährwerte pro Portion:

›Energie: 300 kcal ›Fett: 2,4 g, davon 1,4 g MCT

Tipp: Die Ballonkartoffeln sind einfach zubereitet und dabei wirklich lecker! Sie können als Beilage zu diversen Gerichten kombiniert werden.

Etwas Besonderes auch für Gäste

Paella mit Meeresfrüchten

4 Portionen

Arbeitszeit: 45 Min.

200 g Hähnchenbrustfilet • Salz, Pfeffer • 1 EL MCT-Öl • 2 Zwiebeln • 1 rote Paprikaschote • 150 g Risotto-Reis (ca. 0,8 % Fett) • 500 ml Fischfond (ca. 0,7 % Fett) • 1 TL Instant-Gemüsebrühe • 1/3 TL Kurkumapulver • 1 Pkg. Safran (0,1 g) • 1 EL Tomatenmark • 4 Tomaten, gewürfelt • 150 g TK-Erbsen • 250 g gemischte TK-Meeresfrüchte, aufgetaut • 8 große Miesmuscheln in der Schale • 200 g Scampi mit Schale, gekocht

- Fleisch klein schneiden, salzen und pfeffern. Im Öl in einer großen Pfanne kurz anbraten, herausnehmen. Zwiebeln achteln, anbräunen. Paprika würfeln und mit Reis dazugeben, kurz anbraten.

- Fischfond erwärmen und nach und nach zum Reis gießen. Mit Brühe, Kurkuma, Safran und Tomatenmark würzen. Tomaten, Erbsen und Fleisch hinzufügen und 15 Min. zugedeckt köcheln.

- Meeresfrüchte salzen, pfeffern. Mit Muscheln und Scampi darauf verteilen, 5 Min. zugedeckt schmoren.

Nährwerte pro Portion:
›Energie: 335 kcal ›Fett: 4,4 g, davon 1,4 g MCT

Einfach zubereitet und saftig

Pangasiusfilet auf Tomatenbett

4 Portionen

Arbeitszeit: 20 Min. • Garzeit: 30 Min.

350 ml Weißwein • 1 EL Senf • 1 EL Instant-Gemüsebrühe • 600 g große Tomaten • 750 g Pangasiusfilets • Salz, grob gemahlener Pfeffer • 800 g Kartoffeln • einige Blätter Basilikum

- Backofen auf 220 °C Ober-/Unterhitze vorheizen.

- Weißwein in eine Auflaufform gießen, Brühe und Senf einrühren.

- Tomaten achteln und in der Form verteilen. Fisch auf die Tomaten legen, mit Salz und Pfeffer würzen. Ca. 30 Min. im Ofen backen.

- Kartoffeln schälen, halbieren und in Salzwasser bissfest kochen.

- Fisch auf den Tomaten anrichten, mit Basilikumblättern garnieren. Kartoffeln dazu reichen.

Nährwerte pro Portion:
›Energie: 445 kcal ›Fett: 4,4 g

Variante: Mit Lauch und Kapern dazu schmeckt's auch sehr lecker!

Saftig-fruchtiger Fisch

Pangasiusfilet mit Reis mit Zitruskick

4 Portionen
Arbeitszeit: 35 Min.

- 2 Bio-Orangen
- 1 Bio-Zitrone
- 1 TL Honig
- 1 TL mittelscharfer Senf
- 600 g Pangasiusfilet (ca. 2 % Fett)
- Salz, Pfeffer
- je 1 rote und gelbe Paprikaschote
- ½ Salatgurke
- 100 g Feldsalat
- 1 Zwiebel • 1 EL MCT-Öl
- 300 g Reis (z. B. Basmati oder Jasmin, ca. 1 % Fett)
- 100 ml Weißwein
- einige Stängel Dill, grob gehackt
- einige rosa Pfefferbeeren

• Orangen und ½ Zitrone auspressen. Schalen der ausgepressten Zitrone und ½ Orange zurücklegen. Restliche Zitrone in Scheiben schneiden.

• Orangen-, Zitronensaft, Senf und Honig verrühren.

• Fischfilets salzen und pfeffern.

• Für den Salat Paprika und Gurke in Stücke schneiden, Feldsalat putzen, ½ Zwiebel in Streifen schneiden. Die Hälfte der Orangensaftmischung für das Dressing mit Öl vermischen.

• Reis in einer Mischung aus Wasser, Wein, Salz, ½ Zwiebel am Stück und den Zitrusschalen kochen. Diese und die Zwiebel anschließend entfernen.

• Fisch von einer Seite in einer beschichteten Pfanne ca. 5 Min. bei mittlerer Hitze anbraten. Wenden, die zweite Hälfte der Orangensaftmischung zu den Fischfilets gießen, weitere 5 Min. köcheln lassen. Salat und Fisch auf Tellern anrichten, mit Dill bestreuen und mit Zitronenscheiben und Pfefferbeeren garnieren.

Nährwerte pro Portion:
›Energie: 590 kcal ›Fett: 5,3 g, davon 1,4 g MCT

Tipp: Noch fettärmer sind Kabeljau oder Schellfisch (ca. 0,5 % Fett). Mit diesem Rezept werden auch diese schön saftig.

Schön saftig in der Hülle

Schellfisch im Kartoffelmantel mit Erbsenpüree

4 Portionen

Arbeitszeit: 40 Min.

- 600 g Schellfischfilet
- 750 g küchenfertiger Kartoffelpufferteig aus dem Kühlregal (oder 750 g rohe geriebene Kartoffeln)
- 2 gehäufte EL Weizenmehl (ca. 1 % Fett)
- 2 gehäufte EL Quark (0,2 % Fett)
- Salz, Pfeffer
- 1 Zwiebel
- 500 g tiefgekühlte Erbsen, aufgetaut
- 1 TL Instant-Gemüsebrühe
- geriebene Muskatnuss
- 1 Zitrone

- Fischfilets waschen, trocken tupfen, mit Salz und Pfeffer würzen.

- Kartoffelpufferteig in einer Schüssel mit Mehl und Quark vermengen, salzen und pfeffern.

- Auf Frischhaltefolie aus ca. einer Handvoll Kartoffelpufferteig ein kompaktes Bett (ca. 5 mm dick) formen: Die Fläche sollte die doppelte Größe und Form eines Fischfilets ergeben. Fisch auf eine Teigseite legen, mit der Frischhaltefolie die andere Hälfte darüberschlagen, von allen Seiten andrücken.

- Eine beschichtete Pfanne erwärmen, ummantelte Fischfilets aus der Folie nehmen und hineinlegen, zugedeckt ca. 10 Min. bei geringer Hitze garen. Falls sich Flüssigkeit sammelt, den Deckel abnehmen.

- In der Zwischenzeit Zwiebel würfeln und in einem Topf mit etwas Wasser bei mittlerer Hitze glasig dünsten.

- Die Fischstücke vorsichtig wenden. Noch ca. 10 Min. ohne Deckel garen, damit die Kartoffelkruste knusprig wird.

- Erbsen zu den gedünsteten Zwiebelwürfeln geben und ca. 5 Min. köcheln. Mit Brühe, Salz und Muskat würzen. Mit dem Stabmixer cremig pürieren.

- Nach Belieben den Fisch mit Zitronensaft beträufeln.

Nährwerte pro Portion:

›Energie: 390 kcal ›Fett: 1,9 g

Tipp: Übrigen Kartoffelteig zu Puffern braten und mit Apfelmus als Nachspeise servieren!

Kurztrip in die Karibik

Seelachs mit Mango-Kokos-Sauce

Für 4 Portionen

Arbeitszeit: 40 Min.

- 2 Zwiebeln
- 1 Knoblauchzehe
- 1 Stck. Ingwer, ca. 1 cm
- 1 reife Mango
- ½ TL Currypulver
- ½ TL gemahlener Kreuzkümmel
- 750 g Seelachsfilet
- Salz, Pfeffer
- 250 g Reis (ca. 1 % Fett)
- 100 g Naturjoghurt (0,2 % Fett)
- 200 ml Kokosdrink (0,9 % Fett)
- 2 EL Kokossirup (0 % Fett)
- ½ Bund Koriandergrün (oder 1 Frühlingszwiebel), grob gehackt

- Eine Zwiebel und Knoblauch in grobe Stücke schneiden und in einem Topf bei mittlerer Hitze langsam glasig dünsten. Dabei eventuell etwas Wasser hinzufügen, damit nichts anbrennt.
- Ingwer schälen, klein schneiden und dazugeben.
- Mango würfeln, die Hälfte des Fruchtfleischs ebenfalls dazugeben. Mit Curry und Kreuzkümmel würzen.
- 200 ml Wasser dazugießen, ca. 15 Min. leicht köcheln, bis die Mangostücke weich sind.
- Die zweite Zwiebel in Streifen schneiden. Fischfilets in Stücke schneiden, salzen und pfeffern. Fisch und Zwiebelstreifen in einer beschichteten Pfanne bei mittlerer Hitze ca. 10 Min. braten.
- Den Reis kochen, nach Belieben etwas Currypulver ins Kochwasser geben.
- Naturjoghurt, Kokosdrink und Kokossirup in den Topf zur Mango geben und alles zu einer cremigen Sauce pürieren. Mit Salz abschmecken.
- Restliche Mangowürfel in der Sauce kurz erwärmen.
- Auf Tellern anrichten und mit Koriander bestreuen.

Nährwerte pro Portion:

›Energie: 470 kcal ›Fett: 3,5 g

Tipp: Den Fisch kann man auch durch gebratene Hühnerbrust oder gemischtes Gemüse ersetzen.

Einfach gemacht

Seelachs in der Eihülle mit Karottengemüse

4 Portionen

Arbeitszeit: 30 Min.

800 g Karotten • 1 Zwiebel • 3 Frühlingszwiebeln • Salz, Pfeffer, Zucker • ca. 80 g Weizenmehl (ca. 1 % Fett) • 2 Eiweiß • 800 g Seelachsfilet

- Karotten in Scheiben hobeln. Zwiebel würfeln, Frühlingszwiebeln in Ringe schneiden.
- Den Boden eines beschichteten Topfs mit Wasser bedecken, Karotten und Zwiebel ca. 20 Min. darin andünsten. Frühlingszwiebeln ein paar Min. mitgaren. Mit Salz, Pfeffer und etwas Zucker abschmecken.
- Mehl und schaumig geschlagenes Eiweiß jeweils auf einen flachen Teller geben.
- Fischfilets salzen, pfeffern, zuerst in Mehl wenden und dann in Eiweiß tauchen. Diesen Vorgang für eine dickere Hülle noch einmal wiederholen.
- Sofort in einer beschichteten Pfanne bei mittlerer Hitze von beiden Seiten je ca. 5 Min. zugedeckt braten.

Nährwerte pro Portion:

›Energie: 295 kcal ›Fett: 2,5 g

Lecker, auch für Gäste!

Fisch-Gemüse-Tajine mit Granatapfelkernen

4 Portionen

Arbeitszeit: 30 Min. • Garzeit: 45 Min.

4 Schalotten • 1 Bund Radieschen • 2 kleine Zucchini • 4 Karotten • 200 g Blumenkohlröschen • ½ TL gemahlener Kümmel • ½ TL gemahlener Koriander • Salz, Pfeffer • 500 ml Gemüsebrühe • 200 g grüne Bohnen • 4 Zanderfilets (insgesamt ca. 800 g) • 1 Granatapfel, Kerne ausgelöst • 1 TL Paprikapulver edelsüß • etwas Zitronensaft • Koriandergrün

- Schalotten würfeln. Radieschen, Zucchini und Karotten klein schneiden.
- In einem großen Topf Schalotten mit etwas Wasser einige Min. anschwitzen. Zerkleinertes Gemüse und Blumenkohl dazugeben, mit Kümmel, Koriander, Salz und Pfeffer würzen, umrühren und mit Brühe auffüllen. Aufkochen, zugedeckt 20 Min. leise köcheln lassen.
- Bohnen zum Gemüse geben, Zander darauflegen, zugedeckt 20 Min. garen.
- Tajine auf Teller verteilen, mit Granatapfelkernen, Paprika und Koriander bestreuen, mit Zitronensaft beträufeln.

Nährwerte pro Portion:

›Energie: 210 kcal ›Fett: 2,3 g

Frische Note mit Zitrone

Viktoriabarschfilets mit Petersilienkruste

4 Portionen

Arbeitszeit: 40 Min.

800 g Kartoffeln • 2 Bund Petersilie • 1 Bund Dill • 2 Bio-Zitronen • 2 EL Semmelbrösel • 800 g Viktoriabarschfilets (ca. 2 % Fett) • Salz, Pfeffer • ½ l Gemüsebrühe • 100 g Frischkäse (0,2 % Fett) • Salz, Pfeffer

- Die Kartoffeln schälen, halbieren und in Salzwasser bissfest kochen.

- Petersilie und Dill hacken. Von einer Zitrone die Schale abreiben, beide Zitronen auspressen. Die Hälfte des Saftes mit der Hälfte der Kräuter, Zitronenschale und Semmelbröseln mischen.

- Den Fisch salzen und pfeffern. Backpapier auf ein Blech legen, die Fischfilets darauf platzieren und mit der Kräutermischung bedecken, festdrücken. Im vorgeheizten Backofen bei 200 °C Ober-/Unterhitze ca. 10 Min. backen.

- Gemüsebrühe mit restlichem Zitronensaft erwärmen. Frischkäse darin aufkochen. Mit übrigen Kräutern, Salz und Pfeffer würzen.

- Die Sauce auf Teller verteilen, Fisch und Kartoffeln darauf anrichten.

Nährwerte pro Portion:

›Energie: 365 kcal ›Fett: 4,2 g

Cremiger Spinat

Penne mit Spinat und Garnelen

4 Portionen

Arbeitszeit: 20 Min.

2 Schalotten • 600 g Spinat (tiefgekühlt, ca. 0,5 % Fett) • 400 g Penne (ca. 1,5 % Fett) • 1 Knoblauchzehe • 150 g Frischkäse (0,2 % Fett) • 1 Bio-Zitrone • Salz, Pfeffer • 300 g Garnelen

- Die Schalotten klein würfeln und in einem großen Topf mit etwas Wasser glasig dünsten. Spinat hinzufügen und auftauen lassen.

- Nudeln al dente kochen.

- Knoblauch pressen und mit dem Frischkäse zum Spinat geben.

- Etwas Zitronenschalenabrieb und ein paar Spritzer Zitronensaft hinzufügen. Salzen, pfeffern.

- Spinat mit einem Stabmixer pürieren und dann die Garnelen dazugeben.

- Nudeln abgießen, untermischen und servieren.

Nährwerte pro Portion:

›Energie: 480 kcal ›Fett: 2,8 g

Exotisch mit Kardamom und Zimt

Kabeljau mit Süßkartoffel-Paprika-Gemüse

4 Portionen

Arbeitszeit: 35 Min.

500 g Süßkartoffeln • 1 EL MCT-Öl • 600 g rote und gelbe Paprikaschoten • 100 g frischer Blattspinat • 600 g Kabeljau • Saft von 1 Limette • gemahlener Kardamom • Zimtpulver • Salz, Pfeffer

- Süßkartoffeln schälen und in Würfel schneiden. Mit dem Öl in einer beschichteten Pfanne bei mittlerer Hitze unter häufigem Wenden 5 Min. braten.

- Paprika klein schneiden, hinzufügen und weitere 20 Min. braten. In den letzten 5 Min. den Spinat mitgaren.

- Kabeljau salzen und pfeffern. In einer beschichteten Pfanne bei mittlerer Hitze von beiden Seiten ca. 5 Min. braten, dabei evtl. etwas Wasser zugeben, damit er nicht anbrennt.

- Die Hälfte des Limettensaftes zum Gemüse geben. Mit Salz, Pfeffer, Zimt und Kardamom abschmecken.

- Fisch auf dem Gemüse anrichten und mit Limettensaft beträufeln.

Nährwerte pro Portion:

›Energie: 330 kcal ›Fett: 4 g, davon 1,4 g MCT

Schnell und einfach gemacht

Schinkennudeln

4 Portionen

Arbeitszeit: 30 Min.

300 g Nudeln • 1–2 Zwiebeln • 300 g (Puten-)Schinken (ca. 1,5 % Fett) • Salz, grober Pfeffer • etwas Paprikapulver • Tomatenketchup

- Die Nudeln al dente kochen.

- Zwiebel klein würfeln, in einer großen beschichteten Pfanne bei mittlerer Hitze glasig dünsten. Eventuell etwas Wasser dazugeben.

- Schinken in Stücke schneiden und dazugeben.

- Nudeln hinzufügen und noch etwas knusprig rösten. Mit Salz, Pfeffer und Paprikapulver würzen.

- Auf den Tellern anrichten. Dazu schmeckt Tomatenketchup.

Nährwerte pro Portion:

›Energie: 480 kcal ›Fett: 3 g

Saftig durch Apfelkompott

Arabisches Reisgericht

4 Portionen

Arbeitszeit: 50 Min.

1 Zwiebel • 4 Karotten • 2 rote Paprikaschoten • 100 g Dörrpflaumen (oder Rosinen) • 300 g Putenbrustfilet • ½ TL Kurkumapulver • 1 TL Currypulver • 1 TL Paprikapulver • etwas Zimtpulver • 6 Kardamomkapseln • ½ TL Salz • 250 g Reis (ca. 1 % Fett) • 150 g Apfelmus

- Zwiebel, Karotten, Paprika und Pflaumen in kleine Würfel, Fleisch in Streifen schneiden.
- Zwiebel in einem beschichteten Topf mit etwas Wasser andünsten. Fleisch dazugeben und anbraten. Karotte, Paprika und Gewürze hinzufügen, anbraten.
- Kardamomkapseln andrücken, zusammen mit Salz und 1 Pr. Kurkuma ins Reiswasser geben. Reis darin fast gar kochen. Kardamomkapseln zum Schluss entfernen.
- Den Reis unter das Gemüse mischen, etwas ziehen lassen. Als Letztes Pflaumen und Apfelmus einrühren, erwärmen und gleich servieren.

Nährwerte pro Portion:

›Energie: 415 kcal ›Fett: 1,4 g

Marokkanische Aromen

Tajine mit Huhn und Zitronen

4 Portionen

Arbeitszeit: 30 Min. • Garzeit: ca. 1 ½ Std.

600 g Hähnchenbrustfilet • Salz, grober Pfeffer • 2 Bio-Zitronen • 2 Schalotten • 1 Stck. Ingwer, ca. 2 cm • einige Stängel Basilikum • 50 g flüssiger Honig • ½ TL gemahlener Kümmel • ½ TL Zimtpulver • ca. 20 Fäden Safran (0,1 g) • ca. 800 ml entfettete Hühnerbrühe (Instant)

- Fleisch salzen, pfeffern. Zitronen achteln. Schalotten und Ingwer klein würfeln.
- In einem beschichteten Topf Schalotten glasig dünsten, herausnehmen. Fleisch von allen Seiten scharf darin anbraten, herausnehmen.
- Zitronen bei geringer Hitze von allen Seiten anrösten.
- Alle Zutaten hinzufügen, ca. 45 Min. bei geringer Hitze schmoren lassen. Ggf. etwas Wasser nachgießen. Salzen und pfeffern.

Nährwerte pro Portion:

›Energie: 230 kcal ›Fett: 2,8 g

Tipp: Als Beilage schmecken Kartoffeln. Sie können in der Brühe mitgegart werden.

Cremige Sauce

Blumenkohl-Kartoffel-Auflauf mit Schinken

4 Portionen

Arbeitszeit: 30 Min. • Garzeit: 30 Min.

750 g Kartoffeln • 750 g Blumenkohl • 250 ml Buttermilch (0,5 % Fett) • 250 g Quark (0,2 % Fett) • 3 EL Hefeflocken • 3 EL Speisestärke • Salz • ½ TL Currypulver • 200 g Schinken (ca. 1,5 % Fett) • 3 Eiweiß • ca. 3 EL Semmelbrösel

- Kartoffeln schälen und in Würfel schneiden, Blumenkohl in Röschen teilen. Beides 10 Min. in Wasser kochen, abgießen und in eine Auflaufform legen.
- Buttermilch mit dem Quark verquirlen, Hefeflocken, Stärke, Salz und Currypulver einrühren und über das Gemüse gießen. Schinken in Streifen schneiden und darüber verteilen.
- Eiweiß steif schlagen und damit das Gemüse bedecken. Mit Semmelbröseln bestreuen.
- Im vorgeheizten Backofen bei 200 °C Ober-/Unterhitze ca. 30 Min. backen.

Nährwerte pro Portion:

›Energie: 290 kcal ›Fett: 1,5 g

Dazu die Lieblingsgrillsauce

Putenschaschlik

4 Portionen

Arbeitszeit: 30 Min.

2 große Zwiebeln • 600 g Putenbrustfilet • je 1 rote und grüne Paprikaschote • 1 Karotte • Salz, Pfeffer • 200 ml Sauce, z. B. Schaschlik-, Barbecue- oder Chilisauce • 2 EL Ketchup • 2 EL Tomatenmark • 1 TL Paprikapulver • Cayennepfeffer

- Zwiebeln achteln. Fleisch, Paprika und Karotte in Stücke schneiden.
- Alles im Wechsel auf Holzspieße stecken. Mit Salz und Pfeffer würzen.
- In einer beschichteten Pfanne rundum braun anbraten. Sauce und Gewürze hinzufügen, eventuell noch etwas Wasser angießen. Zugedeckt ca. 10 Min. schmoren lassen.

Nährwerte pro Portion:

›Energie: 375 kcal ›Fett: 2 g

Tipp: Dazu schmeckt Kartoffelpüree (mit Milch mit 0,1 % Fett zubereiten!).

Variante: Als Sauce kann verwendet werden, was gerade vorrätig ist, zum Beispiel Grillsaucenreste. Und es schmeckt jedes Mal ein bisschen anders!

Raffiniert und einfach zubereitet

Kürbis-Huhn-Eintopf

4 Portionen

Arbeitszeit: 20 Min. • Garzeit: 40 Min.

400 g Hokkaido-Kürbis • 1 Zwiebel • 500 ml Geflügel- oder Gemüsebrühe • 500 g Hähnchenbrustfilet • 1 EL Kurkumapulver • 1 TL Zimtpulver • Salz, Pfeffer • 12 weiche Dörrpflaumen • 2 EL Honig • Koriandergrün (oder Petersilie)

- Kürbis ungeschält in Würfel schneiden, dabei Kerne entfernen.
- Zwiebel würfeln und 5 Min. in 3 EL heißer Brühe andünsten.
- Fleisch in Würfel schneiden und mit Kurkuma, Zimt, Salz und Pfeffer zu den Zwiebeln geben. 10 Min. bei mittlerer Hitze garen.
- Restliche Brühe, Kürbiswürfel, Pflaumen und Honig dazugeben. Zugedeckt ca. 20 Min. schmoren lassen, sodass die Kürbisstücke noch bissfest sind.
- Mit Korianderblättern garnieren.

Nährwerte pro Portion:

›Energie: 250 kcal ›Fett: 1,3 g

Tipp: Wenn etwas Kürbis übrig ist, kann man daraus leckere Muffins machen, zum Beispiel »Orangen-Kürbis-Muffins mit Schokosauce« (Seite 135).

Für alle Champignonsaucen-Fans

Kalbsgeschnetzeltes mit Gemüse

4 Portionen

Arbeitszeit: 1 Std.

1 Stange Lauch • 400 g Champignons • 600 g Kalbsschnitzel, in Streifen geschnitten (ca. 2 % Fett) • 1 EL MCT-Öl • 2 Zwiebeln • 2 EL Weizenmehl (ca. 1 % Fett) • ¼ l Weißwein • 100 g Frischkäse (0,2 % Fett) • Salz, grober Pfeffer • etwas gemahlener Rosmarin • 2 EL Instantpulver für braune Sauce • 200 g frischer Blattspinat

- Lauch in 2 cm große Stücke, Champignons in Scheiben schneiden.
- Fleisch in einer beschichteten Pfanne mit etwas Öl bei mittlerer Hitze kurz anbraten, herausnehmen.
- Zwiebeln würfeln, in der Pfanne glasig dünsten. Zum Andicken nach und nach Mehl, Weißwein und Frischkäse unterrühren. Fleisch, Champignons und Lauch dazugeben, zugedeckt 10 Min. bei geringer Hitze garen. Mit den Gewürzen abschmecken, evtl. noch etwas Wasser dazugeben. Spinat kurz mitgaren.

Nährwerte pro Portion:

›Energie: 360 kcal ›Fett: 4,7 g, davon 1,4 g MCT

Tipp: Dazu schmecken Kartoffelknödel.

Unsere Schweinebratenvariante

Schweinefilet in Dunkelbiersauce

4 Portionen

Arbeitszeit: 1 Std.

700 g Schweinefilet • Salz, Pfeffer • 2 große Zwiebeln • 6 Karotten • 1 Apfel • 1 EL MCT-Öl • 750 g küchenfertiger Kartoffelknödelteig halb und halb aus dem Kühlregal • 1 EL Zucker • 1 Flasche Dunkelbier • je 1 EL Instantpulver für braune Sauce und für Gemüsebrühe • Kümmel nach Belieben

- Fleisch in dicke Scheiben schneiden, salzen und pfeffern. Zwiebeln achteln. Karotten in Streifen schneiden. Apfel schälen und in Stücke schneiden.
- Fleisch in einer beschichteten Pfanne mit 1 TL Öl bei mittlerer Hitze kurz anbraten, herausnehmen. 1 TL Öl in die Pfanne geben, Zwiebeln langsam dünsten, dann herausnehmen.
- Knödel zubereiten.
- Karotten ein paar Min. anbraten, mit Zucker karamellisieren, dann das Bier dazugießen. Alle Zutaten in die Sauce geben, 10 Min. schmoren.
- Mit den Knödeln servieren.

Nährwerte pro Portion:
›Energie: 560 kcal ›Fett: 5,3 g, davon 1,4 g MCT

Zartes Fleisch mit würziger Sauce

Rindergulasch mit Semmelknödeln

4 Portionen

Arbeitszeit: 50 Min. • Garzeit: 2 Std.

800 g Rindfleisch (Oberschale oder Hüfte, ca. 2,5 % Fett) • 1 EL MCT-Öl • 4 Zwiebeln • 3 rote und 1 grüne Paprikaschoten • 5 EL Tomatenmark • 2 EL Paprikapulver • 200 ml Rotwein • 4 EL Instantpulver für braune Sauce • 1 TL Tomatenwürzsalz • etwas gemahlener Rosmarin • Salz, Pfeffer

Semmelknödel:
Zutaten und Zubereitung im Rezept »Essigknödel« (Seite 84)

- Rindfleisch in Stücke schneiden, in einem beschichteten Topf mit 1 TL Öl bei mittlerer Hitze kurz anbraten, herausnehmen und beiseitestellen.
- Zwiebeln und Paprika in kleine Stücke schneiden. Zwiebeln mit 1 TL Öl im Topf glasig dünsten. Tomatenmark und Paprikapulver mit anrösten, Rotwein dazugießen. Paprika und Fleisch hinzufügen und leise 2 Std. köcheln lassen, bis das Fleisch faserig-weich ist. Mit den restlichen Gewürzen abschmecken.
- Zum Ende der Garzeit die Semmelknödel zubereiten.

Nährwerte pro Portion:
›Energie: 590 kcal ›Fett: 9 g, davon 1,4 g MCT

Ein besonderes Festtagsgericht

Wild mit Quarkspätzle und Rotkohl

4 Portionen

Arbeitszeit: 1 ½ Std. • Garzeit: 3 Std.

Quarkspätzle:

- 250 g Quark (0,2 % Fett)
- ca. 250 g Weizenmehl
- 4 Eiweiß
- 2 TL Salz
- etwas Kurkumapulver
- 1 EL MCT-Öl zum Anbraten

Fleisch und Sauce:

- 1 Zwiebel
- 1 Bund Suppengemüse
- 2 Karotten
- 2 Petersilienwurzeln
- 1–2 Kartoffeln
- je 1 Bund Rosmarin und Thymian
- 5 Lorbeerblätter
- 10 Wacholderbeeren
- 3 EL Preiselbeeren
- 1 TL Zucker
- 2 EL Tomatenmark
- 500 ml Rotwein
- 1 TL Wildgewürz
- 2 EL Instantpulver für braune Sauce
- Salz, Pfeffer
- 600 g Rotkohl (Dose)
- 600 g Rehmedaillons oder Hirschsteak (ca. 1,5 % Fett)
- 1 EL MCT-Öl
- etwas Preiselbeeren

● Die Zutaten für die Spätzle zu einem zähflüssigen Teig verarbeiten. In kochendes Salzwasser schaben und 4–5 Min. kochen. Kalt abschrecken und auf einem Geschirrtuch zum Trocknen ausbreiten.

● Für die Sauce das Gemüse in grobe Stücke schneiden, bei mittlerer Hitze in einem Topf braun anbraten. Mit 1 l Wasser, Rosmarin, Thymian, Lorbeerblättern und Wacholder 1 Std. köcheln lassen.

● Dann durch ein Sieb filtern und einen Teil des ausgekochten Gemüses und die Preiselbeeren in der Brühe fein pürieren.

● In einem Topf Zucker und Tomatenmark anrösten, Wein dazugießen und etwas einkochen. Gemüsesauce und Gewürze hinzufügen.

● Rotkohl erwärmen.

● Spätzle in einer beschichteten Pfanne mit 1 EL Öl ca. 10 Min. anbraten.

● Fleisch salzen und pfeffern. In einer beschichteten Pfanne mit 1 EL Öl von allen Seiten ein paar Min. anbraten.

● Mit Preiselbeeren anrichten.

Nährwerte pro Portion:

›Energie: 620 kcal ›Fett: 5,6 g, davon 2,8 g MCT

NACHSPEISEN & GEBÄCK

Bei Lust auf Süßes gibt's hier die Ideen: Klassische, gewohnte Kuchen und Nachspeisen wurden so abgewandelt, dass wir sie trotz fettarmer Ernährung genießen können.

Für mehr Abwechslung können Sie die Böden und Füllungen aus verschiedenen Rezepten kombinieren. Auch frisches Obst der Saison bietet vielfältige Möglichkeiten.

Das Backen möglichst ohne Fett ist zunächst eine Herausforderung. Die Eigenschaften der Teige sind einfach etwas anders als bisher gewohnt. Lesen Sie dazu die Tipps & Tricks ab Seite 154.

Hier finden Sie Rezepte, die nahezu ganz ohne Fett auskommen, aber auch solche mit kleinen Luxusvarianten. Letztere enthalten etwas Fett, aber eben immer noch weniger als üblich. So kommen einige beliebte Speisen wenigstens als fettarme Variante infrage.

Je nach persönlichem Diätplan können Sie eventuell reichhaltigere Zutaten hinzufügen.

Mit den folgenden bewährten Rezepten werden süße Leckereien daraus.

Sommer im Glas

Erdbeer-Schichtdessert

4 Portionen

Arbeitszeit: 20 Min.

16 Löffelbiskuits (ca. 2,5 % Fett) • 400 g Erdbeeren • 200 ml Milch (0,1 % Fett) • 400 g Vanille-Skyr (0,2 % Fett)

- Die Löffelbiskuits auf vier Schälchen verteilen, möglichst dicht nebeneinanderlegen.

- 50 g der Erdbeeren in der Milch pürieren und die Löffelbiskuits damit leicht tränken.

- Mit Vanille-Skyr bestreichen.

- Restliche Erdbeeren in Stücke schneiden und darauf verteilen.

- Frisch servieren.

Nährwerte pro Portion:

›Energie: 190 kcal ›Fett: 1,2 g

Fruchtexplosion auf Creme

Himbeer-»Pannacotta«

6 Portionen

Arbeitszeit: 30 Min. • Kühlzeit: 2 Std.

Für die »Pannacotta«:

9 Blatt weiße Gelatine, für warme Anwendung • 1 Pkg. Vanillepuddingpulver • 5 EL Zucker • 1 l Milch (0,1 % Fett) • ½ TL Vanillearoma, etwas Zimtpulver

Für das Himbeermus:

15 g Gelatinepulver »fix« für kalte Anwendung ohne Einweichen • 50 ml Johannisbeersaft • 500 g Himbeeren • Minzeblätter

- Die Gelatineblätter ein paar Min. in kaltem Wasser einweichen.

- Puddingpulver zuckern, mit Milch anrühren und kochen. Gelatine ausdrücken, in den Pudding rühren. Vanille und Zimt untermischen, auf Gläser verteilen. 1 Std. kühl stellen.

- Gelatinepulver im Johannisbeersaft quellen lassen.

- Himbeeren pürieren, durch ein Sieb streichen, nochmals mit der Saft-Mischung pürieren, auf der »Pannacotta« verteilen, 1 Std. kalt stellen. Mit Minzeblättern garnieren.

Nährwerte pro Portion:

›Energie: 240 kcal ›Fett: 0,7 g

Süß-saures Vergnügen

Vanillecreme mit Pfirsich & Maracuja

6 Portionen

Arbeitszeit: 30 Min. • Kühlzeit: 2 Std.

4 Pfirsiche • 1 TL MCT-Öl • 1 EL Zucker • 30 g Gelatinepulver »fix« für kalte Anwendung ohne Einweichen • 600 g Vanille-Skyr (0,2 % Fett) • 170 ml Maracujasaft • 1 Pkg. Vanillesaucenpulver »ohne Kochen«

- Pfirsiche entsteinen und in kleine Stücke schneiden.
- Öl in einer beschichteten Pfanne verteilen, Zucker daraufstreuen und bei mittlerer Hitze karamellisieren lassen. Wenn er flüssig und hellbraun ist, die Pfirsiche darin wenden. In eine Form oder 6 Gläser verteilen und abkühlen lassen.
- Gelatinepulver in den Skyr rühren. Auf der Pfirsichschicht verstreichen. Ca. 1 Std. kühl stellen. Die Masse muss nicht ganz fest werden.
- Vanillesaucenpulver mit dem Maracujasaft verquirlen und auf der Skyr-Schicht verteilen.
- Nochmals ca. 1 Std. kühl stellen.

Nährwerte pro Portion:

›Energie: 165 kcal ›Fett: 0,9 g, davon 0,5 g MCT

Einfach zuzubereiten

Quark-Reisauflauf mit Aprikosen

4 Haupt- oder 6 Nachspeisenportionen

Arbeitszeit: 30 Min. • Backzeit: 1 ¼ Std.

400 g Aprikosen • 2 Eiweiß • 40 g weiche MCT-Margarine • 60 g Zucker • 1 TL Speisenatron, mit 1 Spritzer hellem Essig vermischt • 500 g Quark (0,2 % Fett) • 2 Pkg. Vanillezucker • 1 Prise Salz • 1 Msp. Kurkumapulver oder Safran • ¼ l Milch (0,1 % Fett) • 250 g Milchreis • Puderzucker zum Bestreuen

- Aprikosen entsteinen und in Stücke schneiden. Eiweiß steif schlagen.
- Margarine und Zucker verrühren. Natron zur Margarine geben und dann die Zutaten in der Reihenfolge wie oben (außer Aprikosen und Puderzucker) nach und nach hinzufügen. Zuletzt den Eischnee unterheben.
- Eine Auflaufform ca. halbhoch damit füllen, die Masse geht noch auf. Aprikosenstücke darauf verteilen und eindrücken.
- Im vorgeheizten Backofen bei 180 °C Ober-/Unterhitze ca. 60–85 Min. backen, nach 30 Min. mit Puderzucker bestreuen.

Nährwerte pro Hauptspeisenportion:

›Energie: 525 kcal ›Fett: 9 g, davon 6,6 g MCT

Fruchtige Sommer-Nachspeise

Quark-Marillenknödel auf Kompott

12 kleine Knödel, 6 Portionen

Arbeitszeit: 20 Min. • Ruhezeit: 30 Min. • Garzeit: 15 Min.

200 g Quark (0,2 % Fett) • 20 g weiche MCT-Margarine • 2 Eiweiß • 150–200 g Weizenmehl (ca. 1 % Fett) • 500 g Aprikosen • 6 EL brauner Zucker • etwas Zimtpulver

- Quark abtropfen lassen. Mit Margarine und Eiweiß glatt rühren, nach und nach das Mehl hinzufügen und zu einem festen Teig kneten.
- Aprikosen halbieren, entsteinen und 12 Früchte beiseitelegen. Die restlichen klein schneiden.
- Aus dem Teig 12 Knödel mit je 1 Aprikose in der Mitte formen.
- Knödel in kochendes Wasser geben und ca. 15 Min. ziehen lassen.
- Die klein geschnittenen Aprikosen zu Kompott einkochen.
- Zucker mit Zimt mischen, die Knödel darin wälzen. Mit Kompott anrichten.

Nährwerte pro Portion:

›Energie: 325 kcal ›Fett: 3,2 g, davon 2,2 g MCT

Als Nachspeise oder Hauptgericht

Kaiserschmarrn mit Buttermilch

4 Nachspeisenportionen

Arbeitszeit: 20 Min. • Backzeit: 20 Min.

2 Eiweiß • 200 ml Buttermilch (ca. 0,5 % Fett) • 100 g Zucker • 1 EL MCT-Öl • 1 TL Speisenatron, mit 1 Spritzer hellem Essig vermischt • 4 Tropfen Butter-Vanille-Aroma • 200 g Weizenmehl (ca. 1 % Fett) • 1 TL Weinsteinbackpulver • Kurkumapulver • 50 g Rosinen • 3 EL grober brauner Zucker • Puderzucker zum Bestreuen • 400 g Apfelkompott aus dem Glas

- Eiweiß steif schlagen, beiseitestellen.
- Buttermilch mit Zucker, Öl, Natron und Butter-Vanille-Aroma verquirlen. Mehl, Backpulver und Kurkuma nach und nach unterrühren. Rosinen und Eiweiß vorsichtig unterheben.
- Eine große beschichtete Pfanne erwärmen, Teig hineingießen und zugedeckt ca. 5 Min. stocken lassen. Die feuchte Oberfläche mit Zucker bestreuen. Teig vierteln und wenden, kurz backen und zerteilen. Noch einige Min. backen.
- Mit Puderzucker bestreuen, mit Kompott servieren.

Nährwerte pro Portion:

›Energie: 455 kcal ›Fett: 2,3 g, davon 1,4 g MCT

Volles Aroma

Tiramisu

4 Portionen

Arbeitszeit: 15 Min. • Kühlzeit: 1 Std.

1 Tässchen kalter Espresso • 50 ml Amaretto oder Cognac • 150 g Löffelbiskuits (ca. 2,5 % Fett) • 1 Pkg. Dr. Oetker Tiramisu-Creme (70 g) • 250 ml Milch (0,1 % Fett) • etwas Trinkkakaopulver zum Bestreuen (ca. 3 % Fett)

- Espresso mit Amaretto oder Cognac vermischen.
- Die Löffelbiskuits auf die Größe der Gläser zurechtschneiden und den Boden damit belegen. Mit der Hälfte des Espressos beträufeln.
- Die Tiramisu-Creme nach Packungsanweisung mit der Milch zubereiten.
- Creme abwechselnd mit getränkten Löffelbiskuits in die Gläser füllen, dabei mit Creme abschließen und glatt streichen. Ca. 1 Std. kühl stellen.
- Vor dem Servieren mit Kakaopulver bestreuen.

Nährwerte pro Portion:

›Energie: 325 kcal ›Fett: 3,4 g

Tipp: Die Tiramisu-Creme ist aromatisch und cremig, wie man es sonst nur von fetthaltigen Zutaten kennt.

Als Nachspeise oder Hauptgericht

Zwetschgenknödel

6 Knödel

Arbeitszeit: 15 Min. • Garzeit: 30 Min.

6 Zwetschgen • 6 Stck. Würfelzucker • 750 g küchenfertiger Kartoffelknödelteig halb und halb aus dem Kühlregal • 3 gehäufte EL Zucker • 6 gehäufte EL Semmelbrösel

- Zwetschgen auf einer Seite einschneiden, den Stein herausnehmen und durch einen Würfelzucker ersetzen.
- Je eine kleine Handvoll Teig zu einem Knödel formen, eine Vertiefung hineindrücken und die Zwetschge hineinlegen, dann den Knödel verschließen.
- Die Knödel in kochendes Wasser geben und 30 Min. ziehen lassen.
- Zucker und Semmelbrösel in einem Topf unter Rühren anrösten.
- Fertige Knödel auf Teller legen und mit Bröselzucker bestreuen.

Nährwerte pro Knödel:

›Energie: 350 kcal ›Fett: 0,3 g

Tipp: Als Nachspeise genügt 1 Knödel pro Person. Als süße Hauptspeise 2–3 Stück rechnen.

Variante: Schmeckt auch mit Aprikosen!

Fruchtig-knusprig

Apfel-Crumble mit Marshmallows

4 Portionen

Arbeitszeit: 20 Min. • Backzeit: 25 Min.

20 g MCT-Margarine • 50 g Zucker • 2 gehäufte TL Quark (0,2 % Fett) • etwas Zimtpulver • 50 g Weizenmehl (ca. 1 % Fett) • 6 Äpfel • 2 TL Zitronensaft • 2 TL Zucker • 2 TL Rum oder Calvados • 16 Stck. große Marshmallows

- Für die Streusel die kalte Margarine und Zucker krümelig verrühren, Quark und Zimt dazugeben. Nach und nach das Mehl hinzufügen. Zur Seite stellen.

- Äpfel schälen, entkernen und klein schneiden. Sofort mit Zitronensaft beträufeln. Mit Zucker und Rum mischen.

- Äpfel dicht an dicht in 4 Schälchen verteilen. Mit Streuseln bestreuen und im vorgeheizten Backofen bei 180 °C Ober-/Unterhitze ca. 25 Min. backen.

- Marshmallows obenauf legen, 5 Min. karamellisieren. Sofort servieren.

Nährwerte pro Portion:
›Energie: 380 kcal ›Fett: 5 g, davon 3,3 g MCT

Variante: Natürlich schmeckt der Crumble auch ohne Marshmallows.

Mit exotischem Hauch

Kokos-Grießpudding mit gegrilltem Obst

4 Portionen

Arbeitszeit: 30 Min. • Kühlzeit: 1 Std.

600 ml Kokosdrink (0,9 % Fett) • 2 EL Kokossirup • ½ TL Vanillearoma • 1 Msp. gemahlener Kardamom • 90 g Weizengrieß • 1 frische Ananas • 2 Bananen

- Kokosdrink zum Kochen bringen, Sirup, Vanillearoma und etwas Kardamom hinzufügen. Grieß mit einem Schneebesen einrühren, kurz aufkochen. Die heiße Masse auf vier Gläschen verteilen und ca. 1 Std. kalt stellen.

- Obst schälen, Ananas in Stücke schneiden, Bananen längs halbieren. Auf dem Grill von beiden Seiten rösten oder in einer beschichteten Pfanne vorsichtig anbraten, bis sie leicht gebräunt sind.

- Je ein Gläschen und etwas Obst auf den Tellern anrichten.

Nährwerte pro Portion:
›Energie: 270 kcal ›Fett: 2 g

Tipp: Kokosmilch hat einen sehr hohen Fettanteil. Kokoswasser hat zwar kein Fett, schmeckt aber nur sehr wenig nach Kokos. Ein guter Kompromiss ist Kokosdrink, der trotz des geringen Fettanteils schön nach Kokos schmeckt. Bei süßen Rezepten intensiviert Kokossirup anstelle von Zucker das Aroma.

Süß-sauer, saftig-knusprig

Rhabarber-Baiser-Kuchen

Für eine Springform ø 24 cm, 8 Stücke

Arbeitszeit: 60 Min. • Kühlzeit: 15 Min. • Backzeit: 30 Min.

1 Biskuitboden (vom Rezept »Schoko-mousse-Kuchen mit Birnen«, Seite 138) • 700 g Rhabarber • 100 g Zucker • 1 Pck. Vanillezucker • 1 Prise Zimtpulver • 3 Eiweiß (oder 90 g Flüssigeiweiß) • 70 g Puderzucker

- Rhabarber in Stücke schneiden, mit 30 g Zucker, Vanillezucker und Zimt dünsten. Es sollen noch Stücke bissfest bleiben. Abkühlen lassen. Überschüssige Flüssigkeit abgießen. Rhabarber gleichmäßig auf dem Biskuitboden verteilen.

- Eiweiß sehr steif schlagen, dabei restlichen Zucker und Puderzucker nach und nach einrieseln lassen. Die Masse in der Größe des Kuchens kreisförmig auf einem mit Backpapier ausgelegten Backblech verstreichen.

- Im Backofen bei 120 °C Umluft ca. 30 Min. backen, bis die Oberfläche leicht gebräunt ist. Abkühlen lassen.

- Baiser mit dem Backpapier auf die Rhabarberschicht legen und das Papier dazwischen herausziehen.

Nährwerte pro Stück:
›Energie: 220 kcal ›Fett: 0,4 g

Mit reifen Bananen

Saftige Bananenmuffins

Ca. 12 Muffins

Arbeitszeit: 30 Min. • Backzeit: 30 Min.

2 reife Bananen • 100 g Naturjoghurt (0,2 % Fett) • 30 g weiche MCT-Margarine • 2 Eiweiß • 70 g Apfelmus • 1 TL Speisenatron, mit 1 Spritzer hellem Essig vermischt • 70 g Zucker • 1 Pck. Vanillezucker • 150 g Weizenmehl (ca. 1 % Fett) oder Buchweizenmehl (ca. 1 % Fett) • 2 TL Weinsteinbackpulver • 4 EL Ahornsirup, zum Beträufeln

- Backofen auf 180 °C Ober-/Unterhitze vorheizen.

- Bananen zerkleinern, mit Joghurt, Margarine, Eiweiß und Apfelmus fein pürieren. Restliche Zutaten unterrühren.

- Teig auf Muffinformen verteilen und ca. 30 Min. backen.

- Die Muffins mit einer Gabel einstechen und mit Ahornsirup beträufeln.

Nährwerte pro Muffin (inkl. Ahornsirup):
›Energie: 120 kcal ›Fett: 2,2 g, davon 1,7 g MCT

Tipp: Buchweizenmehl verleiht den Muffins eine nussige Note. Weizenmehl macht sie dafür minimal lockerer.

Saftige Böden & cremige Schicht

Frühlingstorte

Für eine Springform ø 24 cm, 8 Stücke

Arbeitszeit: 60 Min. • Kühlzeit: mind. 2 Std.

2 Biskuitböden (vom Rezept »Schokomousse-Kuchen mit Birnen«, Seite 138, doppelte Menge zubereiten) • 500 g cremiger Quark (0,2 % Fett) • 180 g Frischkäse (0,2 % Fett) • 1 EL Zitronensaft • 4 EL Zucker • 20 g Gelatinepulver »fix« für kalte Anwendung ohne Einweichen • ca. 300 g Konfitüre • ca. 5 EL Trinkkakaopulver (ca. 20 g)

- Quark mit Frischkäse, Zitronensaft und Zucker verquirlen. Gelatine nach und nach unterrühren.

- Einen Boden gleichmäßig mit der Hälfte der Konfitüre, dann mit ca. ⅓ der Quarkmasse bestreichen. Die Schichten dabei möglichst nicht vermischen. Den zweiten Boden mit der restlichen Konfitüre bestreichen und mit der bestrichenen Seite nach unten auf den ersten legen.

- Den Kuchen rundum mit der restlichen Quarkmasse bestreichen, dann 2 Std. kühl stellen. Zum Servieren mit Kakaopulver bestäuben.

Nährwerte pro Stück:
›Energie: 455 kcal ›Fett: 0,6 g

Kürbismus statt Butter und Eigelb

Orangen-Kürbis-Muffins mit Schokosauce

Ca. 12 Muffins

Arbeitszeit: 40 Min. • Backzeit: 15 Min.

100 g Hokkaido-Kürbis • 1 Bio-Orange • 2 Eiweiß • 150 g Joghurt (0,2 % Fett) • 100 g Zucker • 200 g Weizenmehl (ca. 1 % Fett) • 2 TL Weinsteinbackpulver • 1 TL Speisenatron, mit 1 Spritzer hellem Essig vermischt • 5 EL küchenfertige Schokoladensauce (ca. 1,2 % Fett)

- Kürbis ungeschält in Stücke schneiden, dabei die Kerne entfernen. In Wasser ca. 20 Min. weich kochen, dann das Wasser abgießen und den Kürbis abkühlen lassen.

- Die Orange abreiben und auspressen.

- Kürbis mit Eiweiß, Joghurt und Orangensaft pürieren. Nach und nach Zucker, Mehl, Backpulver, Orangenabrieb und Natron hinzufügen.

- Teig auf die Muffinformen verteilen und im vorgeheizten Backofen bei 180 °C Ober-/Unterhitze ca. 15 Min. backen.

- Mit Schokosauce servieren.

Nährwerte pro Muffin:
›Energie: 120 kcal ›Fett: 0,1 g

Tipp: Der Kürbis ersetzt hier die Margarine. So werden die Muffins wunderbar saftig und bekommen eine tolle gelbe Farbe!

Auch mit Joghurt oder Pudding

Apfelstrudel

6 Portionen

Arbeitszeit: 1 ½ Std. • Backzeit: 1 ¼ Std.

- 60 g Rosinen
- 3 EL Rum
- 300 g Weizenmehl (ca. 1 % Fett)
- etwas Salz
- 2 Eiweiß
- 1 EL MCT-Öl
- 100 g Maronen, geschält und vorgekocht (ca. 1,5 % Fett)
- 1,2–1,5 kg Äpfel
- 1 Spritzer Zitronensaft
- 100 g Zucker
- ½ TL Zimtpulver
- etwas Semmelbrösel
- evtl. 100 ml Milch (0,1 % Fett) zum Backen
- fettarme Vanillesauce

- Rosinen in Rum einweichen.
- Mehl, Salz, Eiweiß, Öl und ca. 100 ml Wasser zu einem festen Teig verkneten.
- Maronen klein hacken, in einer beschichteten Pfanne anrösten.
- Äpfel schälen, klein schneiden. Mit Zitronensaft, Zucker und Zimt vermengen.
- Backofen auf 180 °C Ober-/Unterhitze vorheizen.
- Den Teig in 2 Hälften teilen und jede auf einem Backpapier auf 30 × 40 cm ausrollen. Mit einer kürzeren Kante nach unten hinlegen und die Maronen darauf verteilen. Dabei an den Seiten am Rand je 3 cm, oben 7 cm frei lassen.
- Die Äpfel und Rosinen abtropfen lassen (Saft bzw. Rum auffangen) und auf den Maronen verteilen.
- Mithilfe des Backpapiers die Strudel von unten aufrollen, dabei die Seiten einschlagen.
- Eine Auflaufform mit Semmelbröseln ausstreuen, Strudel hineinlegen.
- Ca. 50 Min. backen, nach 10 Min. die Strudel mit Apfelsaft und Rum begießen. Falls die Strudeloberfläche trocken wird, nach 30 Min. mit Milch begießen.
- Nach Belieben mit fettarmer Vanillesauce servieren.

Nährwerte pro Portion (ohne Vanillesauce):
›Energie: 435 kcal ›Fett: 2,8 g, davon 0,9 g MCT

Variante: Anstelle der Maronen Vanillecreme verwenden. Dafür pro Strudel ca. 100 g Vanille-Skyr oder Vanillepudding mit Milch (0,1 % Fett) kochen.

Endlich Schokogeschmack!

Schokomousse-Kuchen mit Birnen

Für eine Springform Ø 24 cm, 8 Stücke

Arbeitszeit: 40 Min. • Backzeit: 15 Min. • Kühlzeit: 2 ½ Std.

Für den Biskuitboden:

- 5 Eiweiß (oder 150 g Flüssigeiweiß)
- 100 g ungezuckertes Apfelmus
- 100 g Zucker
- 75 g Weizenmehl (ca. 1 % Fett)
- 30 g Speisestärke
- 1 TL Weinsteinbackpulver
- ½ TL Vanillearoma
- Abrieb von ½ Bio-Zitrone
- 1 Prise Kurkumapulver

Für den Belag:

- 460 g Birnen aus der Dose (Abtropfgewicht)
- 1 Pck. Dr. Oetker Mousse au Chocolat klassisch (92 g)
- 250 ml kalte Milch (0,1 % Fett)

- Backofen auf 180 °C Ober-/Unterhitze vorheizen. Den Boden der Springform mit Backpapier auslegen.
- Eiweiß steif schlagen.
- Apfelmus mit Zucker schaumig verrühren.
- Mehl, Stärke, Backpulver, Vanillearoma, Zitronenabrieb und Kurkumapulver mischen.
- Nach und nach zur Zucker-Apfelmus-Mischung geben, schaumig rühren. Eischnee vorsichtig unterheben, Masse in die Form füllen und ca. 15 Min. backen.
- Auskühlen lassen, auf eine Kuchenplatte stürzen und Backpapier abziehen. Den Tortenring um den Boden legen.
- Birnen in Streifen schneiden und auf dem Biskuitboden fächerförmig auslegen.
- Mousse au Chocolat anrühren und mind. 3 Min. luftig aufschlagen. Gleichmäßig auf den Birnen verstreichen.
- Mindestens 2 Std. kühl stellen.

Nährwerte pro Stück:

›Energie: 215 kcal ›Fett: 2 g

Tipp: Der Boden lässt sich auch prima mit anderen Cremes und Früchten belegen.

Schmeckt auch mit Äpfeln

Sauerkirschkuchen

Für eine Springform Ø 24 cm, 8 Stücke

Arbeitszeit: 30 Min. • Backzeit: 45 Min.

1 Glas Sauerkirschen • 120 g Zucker • 1 Pck. Vanillezucker • 100 g Apfelmus • 50 g weiche MCT-Margarine • 300 g Weizenmehl (ca. 1 % Fett) • 2 TL Weinsteinbackpulver • 2 TL Speisenatron, mit 1 Spritzer hellem Essig vermischt • ca. 200–250 ml Milch (0,1 % Fett) • 100 g Flüssigeiweiß (oder 3 große Eiweiß) • Puderzucker, zum Bestreuen

- Formboden mit Backpapier auslegen. Kirschen abtropfen lassen.
- Zucker und Vanillezucker mit Apfelmus und Margarine schaumig rühren. Mehl mit Backpulver vermischen. Alle Zutaten zusammen mit der Milch nach und nach zur Apfelmus-Mischung geben, verrühren. Eiweiß steif schlagen und unterheben.
- Teig in die Form füllen, Kirschen darauf verteilen und im vorgeheizten Backofen bei 180 °C Ober-/Unterhitze ca. 35–45 Min. backen.
- Anschließend aus der Form lösen und mit Puderzucker bestreuen.

Nährwerte pro Stück:

›Energie: 280 kcal ›Fett: 6,7 g. davon 4,1 g MCT

Knusprig und cremig

Cheesecake

Für eine Springform Ø 24 cm, 8 Stücke

Arbeitszeit: 30 Min. • Backzeit: 30 Min.

200 g Löffelbiskuits (ca. 2,5 % Fett) • 50 g MCT-Margarine • 180 g Zucker • 2 Pck. Vanillepuddingpulver • 3 Eiweiß (oder 90 g Flüssigeiweiß) • Saft und Schale von 1 kleinen Bio-Zitrone • 700 g Frischkäse (0,2 % Fett) • ½ TL Vanillearoma oder -extrakt • 1 Prise Salz

- Backofen auf 180 °C Ober-/Unterhitze vorheizen.
- Löffelbiskuits zerbröseln, Margarine zerlassen, mit 80 g Zucker vermischen. Formboden mit Backpapier auslegen, die Masse gleichmäßig hineindrücken und 15 Min. backen.
- Puddingpulver mit restlichem Zucker mischen. Eiweiß mit Zitronensaft, -schale, Frischkäse, Vanillearoma und Salz verrühren, zum Schluss die Puddingpulver-Mischung unterrühren.
- Gleichmäßig auf dem Boden verstreichen und nochmals 30 Min. backen.
- Die Oberfläche sollte fest und das Innere noch cremig sein.

Nährwerte pro Stück:

›Energie: 315 kcal ›Fett: 5,8 g, davon 4,1 g MCT

Schmeckt auch mit anderen Obstsorten

Heidelbeer-Cremetorte

Für eine Springform Ø 24 cm, 8 Stücke

Arbeitszeit: 40 Min. • Kühlzeit: 5 Std.

Für den Biskuitboden:

- 3 Eiweiß (oder 90 ml Flüssigeiweiß)
- 100 g ungezuckertes Apfelmus
- 120 g Zucker
- 60 g Weizenmehl (ca. 1 % Fett)
- 60 g Speisestärke
- 1 TL Weinsteinbackpulver
- 1 Prise Kurkumapulver
- Abrieb von 1 Bio-Zitrone (Saft für den Belag verwenden)

Für den Belag:

- 4 EL Heidelbeerkonfitüre
- 10 Blatt rote Gelatine, für kalte Anwendung
- 1 kg Heidelbeeren
- 120 g Puderzucker
- 400 g Vanille-Skyr
- 1 Pck. roter Tortenguss

- Springform mit Backpapier auslegen.

- Backofen auf 180 °C Ober-/Unterhitze vorheizen.

- Eiweiß steif schlagen, nach und nach Apfelmus und Zucker dazugeben, sehr cremig rühren.

- Mehl, Speisestärke, Backpulver und Kurkumapulver mit Zitronenschale mischen und unterheben. In die Form füllen und ca. 15 Min. backen.

- Auskühlen lassen, das Backpapier abziehen. Gleichmäßig mit Konfitüre bestreichen und in einen Tortenring setzen.

- Gelatine in kaltem Wasser einweichen.

- 700 g Heidelbeeren mit Puderzucker pürieren. Gelatine ausdrücken und mit ein paar EL des Pürees vermischen. Dann mit dem restlichen Püree, Skyr und Zitronensaft vermengen.

- Die Creme gleichmäßig auf dem Biskuitboden verteilen. Mindestens 5 Std. kühl stellen.

- Tortenring entfernen. Die restlichen Heidelbeeren auf der Torte verteilen und mit etwas rotem Tortenguss überziehen. Fest werden lassen und frisch servieren.

Nährwerte pro Stück:

›Energie: 270 kcal ›Fett: 1 g

Variante: Anstelle von Heidelbeeren Himbeeren oder Erdbeeren verwenden.

Nussige Note durch Buchweizen

Birnenkuchen

Für eine Springform Ø 24 cm, 8 Stücke
Arbeitszeit: 30 Min. • Backzeit: 45 Min.

150 g Zucker • 2 EL Zitronensaft • 80 ml Amaretto • 3 feste Birnen (ca. 500 g), geschält, halbiert und längs eingeschnitten • 50 g weiche MCT-Margarine • 100 g Apfelmus • 1 Pck. Vanillezucker • 300 g Buchweizenmehl (ca. 1 % Fett) • 2 TL Weinsteinbackpulver • 2 TL Speisenatron, mit 1 Spritzer hellem Essig vermischt • ca. 150–200 ml Milch (0,1 % Fett) • 100 g Flüssigeiweiß • etwas Zimtpulver, zum Bestreuen

- 500 ml Wasser mit 30 g Zucker aufkochen. Zitronensaft und 50 ml Amaretto dazugeben, Birnen 5 Min. darin dünsten.
- Margarine, Apfelmus, restl. Zucker und Vanillezucker schaumig rühren, restl. Amaretto hinzufügen. Mehl, Backpulver, Natron und Milch nach und nach unterrühren. Eiweiß steif schlagen und unterheben.
- Teig in die mit Backpapier ausgelegte Form füllen. Birnen darauflegen.
- Im vorgeheizten Backofen bei 180 °C Ober-/Unterhitze ca. 40 Min. backen. Mit Zimt bestreuen.

Nährwerte pro Stück:
›Energie: 300 kcal ›Fett: 6,7 g, davon 4,1 g MCT

Mit Biskuitboden

Erdbeer-Zitronen-Joghurt-Kuchen

Für eine Springform Ø 24 cm, 8 Stücke
Arbeitszeit: 60 Min. • Kühlzeit: 2 Std.

1 Biskuitboden (vom Rezept »Schokomousse-Kuchen mit Birnen«, Seite 138) • 400 g Erdbeeren • 9 Blatt weiße Gelatine • Saft von 2 Zitronen • 500 g Skyr (0,2 % Fett) • 150 g Frischkäse (0,2 % Fett) • 50 g Zucker

- Den Biskuitboden in einen Tortenring legen.
- Erdbeeren in Stücke schneiden.
- Gelatine 5 Min. in kaltem Wasser einweichen, ausdrücken. In einem Topf den Zitronensaft erwärmen und die Gelatine darin auflösen.
- Skyr mit Frischkäse und Zucker mischen. Nach und nach in den Topf zum Zitronensaft geben, zügig verrühren. Dann die Erdbeerstücke dazugeben und die Masse auf dem Biskuitboden verteilen.
- Mindestens 2 Std. im Kühlschrank fest werden lassen.

Nährwerte pro Stück:
›Energie: 220 kcal ›Fett: 0,6 g

Süß-sauer und knusprig

Erdbeer-Rhabarber-Buttermilch-Kuchen

Für eine Springform Ø 24 cm, 8 Stücke

Arbeitszeit: 40 Min. • Kühlzeit: 4 Std.

- 200 g Löffelbiskuits (ca. 2,5 % Fett)
- 50 g MCT-Margarine
- 180 g Zucker
- 500 g Buttermilch (0,5 % Fett)
- 200 g Frischkäse (0,2 % Fett)
- 60 g Gelatinepulver »fix« für kalte Anwendung ohne Einweichen
- 250 g Erdbeeren
- 4 Stangen Rhabarber
- etwas Zucker
- 1 Pck. Vanillezucker

- Backofen auf 180 °C Ober-/Unterhitze vorheizen.

- Löffelbiskuits zerbröseln, Margarine zerlassen, beides mit 80 g Zucker vermischen. Den Boden der Springform mit Backpapier auslegen, die Masse gleichmäßig hineindrücken und 15 Min. backen. In der Form abkühlen lassen.

- Buttermilch mit Frischkäse und restlichem Zucker vermengen, nach und nach 45 g Gelatinepulver einrühren. Gleichmäßig auf dem Boden verstreichen und ca. 2 Std. kühl stellen.

- Erdbeeren klein schneiden.

- Rhabarber schälen, würfeln, kurz mit ganz wenig Wasser bissfest dünsten. Abkühlen lassen. Dann nach und nach das restliche Gelatinepulver einrühren. Etwas Zucker, Vanillezucker und die Erdbeeren untermengen. Auf der Buttermilchschicht verteilen und ca. 2 Std. kühl stellen.

- Frisch ist der Boden knusprig, nach ein bis zwei Tagen wird er saftig.

Nährwerte pro Stück:

›Energie: 290 kcal ›Fett: 6 g, davon 4,1 g MCT

Variante: Anstelle von Rhabarber und Erdbeeren kann auch anderes Obst verwendet werden, z. B. Himbeeren oder Ananas und Mango. Man kann es auch roh auf die Buttermilch-Schicht geben und mit Tortenguss überziehen.

Schmeckt auch ohne Boden

Käsekuchen mit »Mürbteig«

Für eine Kastenform Länge 30 cm, ca. 4 Stücke

Arbeitszeit: 30 Min. • Backzeit: 40 Min. • Kühlzeit ca. 1 Std.

Für den Boden:

- 110 g Weizenmehl (ca. 1 % Fett)
- 1 TL Weinsteinbackpulver
- 30 g weiche MCT-Margarine
- 40 g Zucker
- 1 Pck. Vanillezucker
- 2 Tropfen Butter-Vanille-Aroma
- 1 Prise Salz
- 1 Prise Kurkumapulver
- 2 EL Joghurt oder Quark (0,2 % Fett)
- 1 TL Speisenatron, mit 1 Spritzer hellem Essig vermischt

Für den Belag:

- 2 Eiweiß
- 2 Pck. Vanillepuddingpulver
- 120 g Zucker
- 500 ml Milch (0,1 % Fett)
- 350 g Vanille-Skyr (0,2 % Fett)
- 40 g Rosinen

- Für den Boden Mehl, Backpulver, Margarine, Zucker, Vanillezucker, Butter-Vanille-Aroma, Salz, Kurkuma, Joghurt und Natron zu einem Teig verkneten.

- Ofen auf 180 °C Ober-/Unterhitze vorheizen.

- Kastenform mit Backpapier auslegen und den Boden mit Teig bedecken.

- Das Eiweiß steif schlagen.

- Puddingpulver mit 70 g Zucker vermischen, mit 150 ml kalter Milch anrühren.

- Restliche Milch zum Kochen bringen, das Pulver einrühren und unter ständigem Rühren aufkochen.

- Vom Herd nehmen, Skyr und restlichen Zucker einrühren. Eischnee und Rosinen unterheben.

- Die Masse auf den Teig in die Form füllen und ca. 40 Min. backen.

Nährwerte pro Stück mit Boden:
›Energie: 465 kcal ›Fett: 6,7 g, davon 5 g MCT

pro Stück ohne Boden:
›Energie: 340 kcal ›Fett: 0,5 g

Tipp: Der Kuchen schmeckt auch prima ohne Boden, dann ist er wirklich nahezu ganz ohne Fett.

Mit oder ohne Streusel

Zwetschgendatschi mit Hefeteig

Für ein Blech, 12 Stücke

Arbeitszeit: 1 Std. • Geh- und Backzeit: ca. 4 ½ Std.

Für den Boden:

- ca. 200 ml lauwarme Milch (0,1 % Fett)
- ½ Würfel (21 g) frische Hefe
- 1 EL MCT-Öl
- 1 Prise Salz
- 130 g Zucker
- 500 g Weizenmehl (ca. 1 % Fett)

Für den Belag:

- ca. 2 kg Zwetschgen
- etwas Zucker

Für die Streusel:

- 80 g kalte MCT-Margarine
- 200 g Zucker
- 140 g Quark (0,2 % Fett), abgetropft
- ½ TL Zimtpulver
- 200 g Weizenmehl (ca. 1 % Fett)

● Hefe mit ca. 50 ml Milch, Öl, Salz und 1 EL Zucker verrühren, ca. 30 Min. bei 30–40 °C gehen lassen.

● Mit restlicher Milch, restlichem Zucker und Mehl mischen und von Hand kneten, evtl. noch ca. 50 ml Milch hinzufügen. Mindestens 2 Std. an einem warmen Ort gehen lassen, bis er sein Volumen verdoppelt hat. Nochmals kneten.

● Backblech mit Backpapier auslegen, mit einer dünnen Zuckerschicht bestreuen. Den Teig ausrollen und darauflegen.

● Ofen auf 180 °C Ober-/Unterhitze vorheizen.

● Zwetschgen aufschneiden, entsteinen und aufklappen. Dicht nebeneinander auf den Teig legen.

● Für die Variante ohne Streusel ca. 45 Min. backen.

● Für die Streusel Margarine mit Zucker krümelig verrühren, Quark und Zimt dazugeben und nach und nach das Mehl untermischen. Die Streusel nach 15 Min. Backzeit auf den Zwetschgen verteilen und den Kuchen weitere 25–30 Min. backen.

Nährwerte pro Stück mit Streusel:

›Energie: 445 kcal ›Fett: 6,6 g, davon 4,9 g MCT

pro Stück ohne Streusel:

›Energie: 265 kcal ›Fett: 1,2 g, davon 0,5 g MCT

Basisrezept mit Schoko-Touch

Schokobrot

Für eine Mini-Kastenform, Länge 18 cm, ca. 4 Stücke (für eine große Kastenform ca. 2,5-fache Menge verwenden)

Arbeitszeit: 15 Min. • Backzeit: 35 Min.

- 2 Eiweiß
- 3 EL ungezuckertes Apfelmus
- 50 g Zucker
- 2 Pck. Vanillezucker
- 1 EL Naturjoghurt (0,1 % Fett)
- 100 g Weizenmehl (ca. 1% Fett)
- 70 g Speisestärke
- 2 TL Weinsteinbackpulver
- ½ TL Zimtpulver
- je 2 gehäufte EL (ca. 10 g) Kakaopulver, stark entölt (12 % Fett), und Trinkkakaopulver (ca. 3 % Fett)
- evtl. etwas Milch (0,1 % Fett)
- 1 EL Schokostreusel (ca. 10 % Fett)

● Kleine Kastenform mit Backpapier auslegen.

● Backofen auf 180 °C Ober-/Unterhitze vorheizen.

● Eiweiß steif schlagen.

● Apfelmus mit Zucker, 1 Vanillezucker und Joghurt verrühren.

● Mehl, Speisestärke, Backpulver, Zimt und Kakao mischen und nach und nach über die Apfelmus-Zucker-Mischung sieben. Alles zu einem zähflüssigen Teig verrühren, eventuell etwas Milch dazugeben.

● Den Eischnee unterheben und Schokostreusel unterrühren.

● Den Teig in die Form füllen, mit dem restlichen Vanillezucker bestreuen und 30–35 Min. backen.

Nährwerte pro Stück:
›Energie: 265 kcal ›Fett: 1 g

Variante: Die Kuchenstücke mit Marmelade oder Schokosirup bestreichen. Saftiger wird er, wenn man vor dem Backen noch ungefähr 80 g Heidelbeeren oder Sauerkirschen unter den Teig mischt!

Fettarme »Nussrolle«-Variante

Heferolle mit Maronenfüllung

Ca. 10 Scheiben
Arbeitszeit: 30 Min. • Gehzeit: mind. 2 Std.

Für den Teig:
250 g Weizenmehl (ca. 1 % Fett) • 80 g Zucker • 2 gehäufte TL Trockenhefe • 1 Pck. Vanillezucker • 1 Prise Kurkumapulver • 1 Prise Salz • ca. 100 ml lauwarme Milch (0,1 % Fett) • 2 Tropfen Butter-Vanille-Aroma • 1 EL MCT-Öl

Für die Füllung:
200 g Maronen, geschält und vorgekocht (ca. 1,5 % Fett), gehackt • 30 g Zucker • 30 g Nusssirup (ca. 4 % Fett) • 1 EL Rum • 1 Prise Zimtpulver

- Zutaten für den Teig mischen und gründlich verkneten. Abgedeckt 2 Std. bei 30–40 °C gehen lassen, bis das Volumen verdoppelt ist.

- Teig kurz kneten, auf 30 × 40 cm ausrollen und mit einer langen Seite nach unten hinlegen. Zutaten für die Füllung vermengen und auf dem Teig verstreichen, seitlich und oben 3 cm frei lassen. Aufrollen und 30 Min. bei 180 °C Ober-/Unterhitze im vorgeheizten Ofen backen.

Nährwerte pro Stück:
›Energie: 185 kcal ›Fett: 1,2 g, davon 0,6 g MCT

Fettarmer Blätterteigersatz

Vanillepuddingtaschen mit Filoteig

5 Puddingtaschen
Arbeitszeit: 40 Min. • Backzeit: 20 Min.

4 Aprikosen (oder anderes Obst) • 300 g Vanille-Skyr • 300 ml Milch (0,1 % Fett) • 1 Pck. Filoteig (aus dem Kühlregal, 0,7 % Fett) • 9 gehäufte EL brauner Rohrzucker • 1 Pck. Vanillepuddingpulver

- Aprikosen in Schnitze schneiden.

- 100 ml Milch und 100 g Skyr mischen und die Teigblätter gleichmäßig damit bestreichen, mit je ca. 1 EL Zucker bestreuen und aufeinanderlegen. In 4 Quadrate unterteilen.

- Puddingpulver mit 2 EL Zucker mischen, mit etwas Milch anrühren. Restliche Milch zum Kochen bringen und das Pulver einrühren. Mit dem restlichen Skyr vermengen.

- Puddingmasse mittig auf die Teigquadrate streichen. Aprikosen darauflegen. Die Ecken zur Mitte falten und andrücken.

- Auf ein mit Backpapier belegtes Backblech legen. Im vorgeheizten Backofen bei 180 °C Ober-/Unterhitze ca. 20 Min. backen.

Nährwerte pro Stück:
›Energie: 390 kcal ›Fett: 1,1 g

Nussiger Geschmack

Buchweizenkekse

Ca. 20 Stück (Ø ca. 7 cm)

Arbeitszeit: 15 Min. • Backzeit: 30 Min.

50 g weiche MCT-Margarine • 80 g Zucker • 1 Pck. Vanillezucker • 20 g Honig • 1 Eiweiß • 50 g Buchweizenmehl • 1 TL Weinsteinbackpulver • ca. 70 ml Milch (0,1 % Fett) • ca. 125 g Buchweizenflocken (ca. 1,7 % Fett)

- Backofen auf 180 °C Ober-/Unterhitze vorheizen.
- Margarine mit Zucker, Vanillezucker, Honig und Eiweiß verrühren.
- Nach und nach Mehl und Backpulver dazugeben. Abwechselnd Milch und Buchweizenflocken unterrühren. Die Konsistenz darf nicht zu flüssig sein.
- Teig teelöffelweise mit Abstand (sie gehen noch auf doppelte Größe auf!) auf ein mit Backpapier ausgelegtes Backblech setzen und 12–15 Min. backen.
- Heiß vom Backpapier lösen und auskühlen lassen.

Nährwerte pro Keks:

›Energie: 50 kcal ›Fett: 2,1 g, davon 1,7 MCT

Tipp: Die Kekse kann man gut als kleinen Vorrat backen und aufbewahren!

Schnell gemacht und lecker

Amerikaner

Ca. 10 Stück (Ø ca. 8 cm)

Arbeitszeit: 30 Min. • Back- und Abkühlzeit: 30 Min.

25 g weiche MCT-Margarine • 100 g Zucker • 1 Eiweiß • 1 TL Speisenatron, mit 1 Spritzer hellem Essig vermischt • 200 g Weizenmehl (ca. 1 % Fett) • ½ TL Weinsteinbackpulver • ½ TL Hirschhornsalz • ca. 80 ml Milch (0,1 % Fett) • 2 Tropfen Butter-Vanille-Aroma • etwas Kurkumapulver • ca. 50 g Puderzucker für die Glasur

- Backofen auf 180 °C Umluft vorheizen.
- Margarine mit Zucker und Eiweiß verrühren, restliche Zutaten nach und nach dazugeben, dabei Mehl und Milch abwechselnd hinzufügen.
- Backblech mit Backpapier auslegen. Je 1 EL Teig mit Abstand daraufsetzen. Sofort in den Ofen schieben und ca. 10 Min. backen, bis die Ränder braun werden.
- Noch heiß vom Backpapier lösen, abkühlen lassen. Aus Puderzucker und Wasser eine Glasur rühren, die Amerikaner dick damit bestreichen.

Nährwerte pro Stück:

›Energie: 150 kcal ›Fett: 2,2 g, davon 1,7 g MCT

Schokoladig-nussig

Maronencookies

Ca. 30 Cookies (Ø ca. 7 cm)

Arbeitszeit: 30 Min. • Backzeit: 1 Std.

150 g Maronen, geschält und vorgekocht (ca. 1,5 % Fett) • 40 g MCT-Margarine • 150 g Zucker • 4 EL Apfelmus • 2 EL Quark (0,2 % Fett) • 1 TL Speisenatron, mit 1 Spritzer hellem Essig vermischt • ca. 200 g Weizenmehl (ca. 1 % Fett) • 2 gehäufte TL Kakaopulver, stark entölt (ca. 12 % Fett) • 5 gehäufte EL Trinkkakaopulver (ca. 3 % Fett) • 1 TL Weinsteinbackpulver

- Maronen klein hacken. Margarine mit Zucker, Apfelmus, Quark und Natron schaumig rühren.
- Maronen, Mehl, beide Kakaopulver und Backpulver nach und nach hinzufügen. Der Teig sollte recht fest sein und nicht von allein vom Löffel fallen.
- Backofen auf 180 °C Ober-/Unterhitze vorheizen.
- Backblech mit Backpapier belegen, je 1 EL Teig mit ausreichend Abstand daraufsetzen und ca. 20 Min. backen. Noch warm vom Backpapier lösen.

Nährwerte pro Stück:

›Energie: 70 kcal ›Fett: 1,5 g • davon 0,9 g MCT

Weihnachtliches Gebäck

Gewürzplätzchen

Ca. 50 Plätzchen

Arbeitszeit: 40 Min. • Kühlzeit: mind. 2 Std. • Backzeit: 35 Min.

30 g weiche MCT-Margarine • 1 TL Speisenatron, mit 1 Spritzer hellem Essig vermischt • 50 g Zucker • 1 Pck. Vanillezucker • 3 Tropfen Butter-Vanille-Aroma • 1 Prise Salz • 1 Prise Kurkumapulver • 150 g Weizenmehl (ca. 1 % Fett) • 1 TL Weinsteinbackpulver • 2 EL ungezuckertes Apfelmus • 3 TL Nusssirup (ca. 4 % Fett) • 1 TL Spekulatius-Gewürz • ½ TL Zimtpulver • etwas Konfitüre zum Zusammensetzen

- Alle Zutaten bis auf die Konfitüre zu einem Teig verkneten. Mindestens 2 Std. kühl stellen.
- Teig dünn ausrollen, Plätzchen ausstechen und auf ein mit Backpapier belegtes Blech verteilen.
- Im Backofen bei 160 °C Umluft 8–10 Min. backen.
- Auf einem Gitter abkühlen lassen.
- Konfitüre erwärmen. Die Unterseite der Plätzchen damit bestreichen und jeweils ein zweites daraufsetzen.

Nährwerte pro Stück:

›Energie: 25 kcal ›Fett: 0,6 g, davon 0,4 g MCT

Omas Lebkuchen in fettarmer Variante

Feigenlebkuchen

Ca. 20 Lebkuchen (Ø ca. 7 cm)

Arbeitszeit: 30 Min. • Backzeit: 20 Min.

12 getrocknete Feigen • 100 g Zitronat • 100 g Orangeat • 50 g weiche MCT-Margarine • 150 g Zucker • ½ TL Zimtpulver • 1 Msp. gemahlene Nelken • 2 gehäufte TL Kakaopulver, stark entölt (ca. 12 % Fett) • 250 g Weizenmehl (ca. 1 % Fett) • 1 TL Speisenatron, mit 1 Spritzer hellem Essig vermischt • 100–150 ml Milch (0,1 % Fett) • Ca. 20 Oblaten mit 7 cm ø

- Feigen, Zitronat und Orangeat sehr fein hacken.
- In einer Schüssel Margarine mit Zucker verrühren. Gewürze und Kakao zugeben, dann nach und nach Mehl, Natron und einen Teil der Milch unterrühren. Feigen, Zitronat und Orangeat untermischen. Evtl. weitere Milch zugeben; der Teig darf jedoch nicht zu flüssig werden.
- Den Teig auf die Oblaten setzen und im Backofen bei 160 °C Umluft 20–25 Min. backen.

Nährwerte pro Stück:

›Energie: 160 kcal ›Fett: 2,5 g, davon 1,7 g MCT

Tipp: Den stark entölten Kakao durch Trinkkakaopulver (ca. 3 % Fett) ersetzen.

Einfach gemacht und haltbar

Quarkstollen

2 mittelgroße Stollen, ca. 8 Portionen

Arbeitszeit: 30 Min. • Backzeit: 30 Min.

200 g Maronen, geschält und vorgekocht (ca. 1,5 % Fett) • 100 g getrocknete Aprikosen (oder 70 g Orangeat) • 100 g Rosinen • 150 g Quark (0,2 % Fett), abgetropft • 2 TL Speisenatron, mit 1 Spritzer hellem Essig vermischt • 250 g Weizenmehl (ca. 1 % Fett) • 100 g Zucker • 1 TL Weinsteinbackpulver • 80 g Apfelmus • 1 Prise Salz • 3 Tropfen Bittermandelaroma • Schale von 1 Bio-Zitrone • 2 EL Rum • 1 Msp. gemahlener Kardamom • ½ TL Zimtpulver • Puderzucker, zum Bestreuen

- Maronen fein hacken, getrocknete Aprikosen zerkleinern.
- Alle Zutaten zu einem Teig verkneten, dabei die Maronen und die Früchte am Schluss hinzufügen.
- Die Teigmenge halbieren, zu 2 Strängen formen, auf ein mit Backpapier ausgelegtes Backblech legen und im vorgeheizten Backofen bei 180 °C Ober-/Unterhitze ca. 25–30 Min. backen.
- Sofort mit Puderzucker bestreuen.

Nährwerte pro Portion:

›Energie: 300 kcal ›Fett: 1,1 g

Tipps & Tricks für Süßspeisen & Gebäck

Fettarmes Backen erfordert etwas Experimentierfreude und auch Kompromisse. Die Konsistenz der Teige ist etwas anders als gewohnt. Aber die Freude und der Genuss überwiegen!

Fettarme Teige sollten generell nicht zu heiß gebacken werden, maximal mit 180 °C. Falls Sie mit MCT-Öl oder -Margarine backen, lautet die Empfehlung des Herstellers, mit maximal 200 °C bis zu 50 Minuten zu backen.

Fett ersetzen Bei Alternativzutaten mit einem hohen Flüssigkeitsanteil müssen andere flüssige Bestandteile reduziert werden.

Alternativen für 100 g Fett in süßem Teig:

- 100 g Apfelmus
- 100 g reife, zerdrückte Banane
- 100 g Fruchtmus aus Trockenobst (z. B. 75 g Trockenpflaumen mit 25 ml Wasser püriert)
- 100 g Birne, Pfirsich oder Ananas aus Dosen, püriert
- 100 g Buttermilch (ca. 0,5 % Fett)
- 100 g Joghurt (0,2 % Fett) oder Quark (0,2 % Fett)
- 100 g Kürbismus (ist ziemlich geschmacksneutral, bringt eine schöne gelbe Farbe)
- 1 TL Speisenatron, mit etwas hellem Essig oder Zitronensaft angerührt

Eigelb ersetzen Ein Eigelb hat ca. 7 g Fett. Es kann durch unten stehende Alternativen ersetzt werden. Für eine gelbe Farbe fügt man einfach eine Prise Kurkumapulver (schmeckt neutral) oder Safran (mit feinem Eigengeschmack) hinzu.

Alternativen pro Stück Eigelb:

- 65 g (3 EL) Apfelmus
- 65 g oder ½ reife, pürierte Banane
- 1 TL Speisenatron, mit etwas weißem Essig oder Zitronensaft angerührt
- 60 g (3 EL) Joghurt (0,2 % Fett) oder 60 g (3 EL) Quark (0,2 % Fett)
- 60 ml Sprudelwasser
- 2 EL Kartoffelmehl und 4 EL Wasser

Mehl Als Mehl verwende ich in erster Linie Weizenmehl (Type 405, ca. 1 % Fett) oder Buchweizenmehl (ca. 1 % Fett), das eine leicht nussige Note hat.

Backtriebmittel Meist benötigt man beim fettarmen Backen etwas mehr Backtriebmittel (Backpulver, Hirschhornsalz oder Speisenatron, Letzteres mit einem Spritzer weißem Essig angerührt), damit der Teig locker wird. Ich kombiniere oft Backpulver und Speisenatron und verwende immer Weinsteinbackpulver, damit der Kuchen nicht so stumpf oder pelzig schmeckt. Außerdem ziehe ich bei einigen Rezepten Eischnee unter den Teig, damit er möglichst locker wird. Dennoch muss man damit rechnen, dass fettarmer Teig oftmals etwas kompakter als ein gewöhnlicher Teig ist.

Backaromen Aromen (z. B. Butter-Vanille-Aroma) bringen etwas mehr Geschmack in den Teig. Sirups, z. B. mit Haselnuss-, Kokos- oder Schokoladenaroma können in Füllungen/Cremes oder zum Tränken der Backwaren verwendet werden und verleihen Geschmacksnoten von Lebensmitteln, die sonst nicht für die fettarme Ernährung geeignet sind.

Weitere Ersatzmöglichkeiten herkömmlicher Zutaten

Herkömmliche Zutat	Fettarme Variante
Kakao mit 45 % Fettanteil	Stark entöltes Kakaopulver (12 % Fett) oder Trinkschokoladepulver (3 % Fett)
Geschlagene Sahne	Fettarmer Quark (2 % Fett) mit Gelatine angerührt, eventuell Eischnee untergehoben, oder Vanillepuddingpulver mit Milch (0,1 % Fett) oder Quark (0,2 % Fett) gekocht. Oder als Topping eine Creme aus z. B. 6 EL Puderzucker und 100 g Frischkäse (0,2 % Fett).
Nüsse	Vorgegarte Maronen (1,5 % Fett), mit Nusssirup verrührt
Schokolade	Schokomousse von Dr. Oetker
Mascarpone	Tiramisu-Mousse von Dr. Oetker
Kuvertüre als Glasur	Glasur aus Fruchtgelee oder Honig; Puderzuckerguss mit Zimt oder Zitronensaft; Zuckerglasur mit Sirup angerührt

Backformen Für runde Kuchen ist die Zutatenmenge der Rezepte für eine Springform mit 24 cm Durchmesser angegeben. Wird eine Form in einer anderen Größe verwendet, sollten Sie die Zutatenmengen wie folgt anpassen:

- 18 cm Ø: 0,6-fache Menge
- 20 cm Ø: 0,7-fache Menge
- 22 cm Ø: 0,8-fache Menge
- 26 cm Ø: 1,2-fache Menge
- 28 cm Ø: 1,4-fache Menge
- 30 cm Ø: 1,6-fache Menge
- Backblech: 2,5- bis 3-fache Menge

Literatur

Die Angaben zu den MCT-Fetten im Kapitel »Fettarm kochen – So geht's« beruhen auf der Informationsbroschüre der Firma Schär: »MCT-Fette bei Fettverwertungsstörungen und Malassimilationssyndrom«, Stand 10/2022.

Quellen

1 Nach Auskunft des Herstellers.

Stichwortregister

Rezeptregister

Liebe Leserin, lieber Leser,

hat Ihnen dieses Buch weitergeholfen? Für Anregungen, Kritik, aber auch für Lob sind wir offen.
So können wir in Zukunft noch besser auf Ihre Wünsche eingehen.
Schreiben Sie uns, denn Ihre Meinung zählt!

Ihr TRIAS Verlag

https://kundenservice.thieme.de | Lektorat TRIAS Verlag, Postfach 30 05 04, 70445 Stuttgart

/trias.tut.mir.gut /trias_verlag /triasverlag www.trias-verlag.de/newsletter

Interessante Links

Die Informationen zu den kanso-Produkten der Firma Schär entstammen der Firmen-Hompage: https://kanso-keto.com, Stand 10.1.2023. Tipps zur Zubereitung vgl. https://www.kanso.com/de/blog, Stand 10.1.2023.

Die Autorin veröffentlicht außerdem wertvolle Tipps unter www.fettarm-kochen.com

Bibliografische Information der Deutschen Nationalbibliothek
Die Deutsche Nationalbibliothek verzeichnet diese Publikation in der Deutschen Nationalbibliografie; detaillierte bibliografische Daten sind im Internet über http://dnb.d-nb.de abrufbar.

Programmplanung: Uta Spieldiener
Projektmanagement: Sabine Ilg
Redaktion: Dr. Katrin Korch
Bildredaktion: Christoph Frick, Marie Crämer
Covergestaltung: © Thieme
Layout: CYCLUS · Visuelle Kommunikation, Stuttgart

Bildnachweis: S. 4, 26/27, 52/53, 66/67, 101, 105, 139: © A. Rogge & J. Jankovic/Thieme; 8/9: © Pixel-Shot/stock.adobe.com; 39: © karepa/stock.adobe.com; 43: © v_l/stock.adobe.com – Stock photo. Posed by a model; Alle anderen Rezeptfotos: © S. Bütow/Thieme
Covermotiv und Bild S. 3: © Jacek Chabraszewski/stock.adobe.com
Autorenfotos:
© Peter Knödler (Knödler); privat (Richter)

Die abgebildeten Personen haben in keiner Weise etwas mit dem Thema zu tun.

1. Auflage 2023

TRIAS Verlag in Georg Thieme Verlag KG
Rüdigerstraße 14, 70469 Stuttgart, Germany
www.thieme.de

Printed in Germany

Satz: Reemers Publishing Services GmbH, Krefeld
Druck: AZ Druck und Datentechnik GmbH, Kempten

Gedruckt auf chlorfrei gebleichtem Papier

ISBN 978-3-432-11753-9
Auch erhältlich als E-Book:
eISBN (ePub) 978-3-432-11754-6

1 2 3 4 5 6

Thieme Publikationen streben nach einer fachlich korrekten und unmissverständlichen Sprache. Dabei lehnt Thieme jeden Sprachgebrauch ab, der Menschen beleidigt oder diskriminiert, beispielsweise aufgrund einer Herkunft, Behinderung oder eines Geschlechts. Thieme wendet sich zudem gleichermaßen an Menschen jeder Geschlechtsidentität. Die Thieme Rechtschreibkonvention nennt Autor*innen mittlerweile konkrete Beispiele, wie sie alle Lesenden gleichberechtigt ansprechen können. Die Ansprache aller Menschen ist ausdrücklich auch dort intendiert, wo im Text (etwa aus Gründen der Leseleichtigkeit, des Text-Umfangs oder des situativen Stil-Empfindens) z.B. nur ein generisches Maskulinum verwendet wird.

Datenschutz
Wo datenschutzrechtlich erforderlich, wurden die Namen und weitere Daten von Personen redaktionell verändert (Tarnnamen). Dies ist grundsätzlich der Fall bei Patient*innen, ihren Angehörigen und Freund*innen, z.T. auch bei weiteren Personen, die z.B. in die Behandlung von Patient*innen eingebunden sind.